理工系学生のための
キャリアデザイン

キャリア教育研究会 著

A Career Design for
the Students of Science and Engineering

学芸出版社

まえがき

　大学におけるキャリア教育において、学生が卒業または修了して社会に出てキャリアを形成していくうえで、学生時代に計画的に準備しておく必要性に気づき自主的な実践につなぐ仕掛けが大切であると考えられます。キャリア教育に関する書籍としては、文系の学生を対象としたものが多く、理工系学生を対象としたものは比較的少ないのが実情です。そのなかで、日本の理工系学生の就職の実態を意識したものや、卒業後、技術者として社会で必要とされる要件などを含む、理工系学生特有の状況に着目したものが必要であると考えます。そこで、本書では、大学生としての日々の心構えのほかに、技術を学ぶ学生として社会に出るまでに大学生活で身につけなければならないこと等を、学生自身に考えてもらう機会を提供するように工夫しています。キャリア教育を通して、自分の目標を設定し、それに近づくような充実した学生生活を送ることを期待しています。

　大阪工業大学では、文部科学省の就業力育成プログラムに対応して、キャリアデザイン教室を組織し、工学部の学生を対象としたキャリア教育を実施してきました。キャリアデザイン教室の教員は、理工系の学部学科の出身者で、長年企業で活躍してきた人々で構成しています。特に、工学部の学生の就職先は学科が違えば業界、職種が違うので、多岐にわたる分野をカバーできるような構成です。本書は、講義の教材プリントに検討を重ねてきた内容を主体とし、学生自身がキャリアデザインを考えるために必要な情報や基本項目を提供しています。実際の講義のときには、担当者で学科の学生の進路を想定したようなテーマを与え議論しています。読者には、本書の基本項目の情報をヒントとして、さらに自身で調べ、考えることが重要となります。

　最後に、本書を刊行するに当たり、さまざまな角度から貴重なご意見をいただきました独立行政法人高齢・障害・求職者雇用支援機構の奥 博史氏に、紙面を借りてお礼を申し上げます。

大阪工業大学名誉教授　北條 勝彦

本書の利用にあたって

1. 本書の目的
   ① 職業を通して働く意義や職業意識を高めること
   ② 自らの職業適性にあわせたキャリアデザインができること
   ③ 社会で活躍することをふまえ、より充実した大学生活をおくること

2. 本書の構成
   ① キャリアデザインとは
   ② 自分のアピールポイントを知る
   ③ 職業社会を知る
   ④ コミュニケーション力
   ⑤ 技術者の進路を考える

3. 本書の特色
   全ページにわたり、図表と解説文で構成されており、各内容の深い理解を得ることと、図表を中心とした議論・展開がなされることを期待します。

4. 本書の使い方
   ① 大学での理工系学生のキャリア授業のテキストとして
   ② 就職活動に際し、進路を考えるときの指針として
   ③ 社会へ出てからの自分のキャリアを描くときの手助けとして

   我々執筆者は長年実業界にあり、その経験をいかし本書をまとめました。この本を通じて皆さんが大学生活で学び、社会で技術者として貢献されることを期待します。そして皆さんにエールを送ります。

contents

第1章　キャリアデザインと大学での学び　9

❶ キャリアデザインとは　10
1-1　本書の目的　11
1-2　キャリアデザインを学ぶ目的　12
1-3　キャリアデザインで考えること　16
1-4　自分で夢・目標を描く　17
1-5　人生における働く意義を考える　19

❷ 大学で自ら考え、自ら学ぶ力を向上する　22
2-1　学びの目的　22
2-2　学びの構造　31
2-3　自ら行動する力をつける　33
2-4　自主的な学び　36
2-5　学びのポイント　41
2-6　学びの時期を考える　45
2-7　夢の実現に向けて業界をみる　48
2-8　技術者として活躍するために　53

第2章　自分のアピールポイントを知る　55

❶ 自分を知ることの基礎　56
1-1　自分のアピールポイントを知る方法　58
1-2　個性とは　59

❷ 自己分析作業で自分を知る　60
2-1　ライフライン（自分史）を描く　60
2-2　価値観を確認する　62

❸ 他者からのフィードバックを受け、自分を知る　68
3-1　グループワークの進め方　68
3-2　ジョハリの窓　70

❹ 検査データで自分を知る　71
4-1　職業適性を知る〔一般職業適性検査（GATB）〕　71
4-2　職業興味を知る〔VPI職業興味検査〕　76
4-3　性格特徴を知る〔Y-G性格検査〕　78

第3章　社会の現状と職業社会を知る　　81

❶社会を知る　82
- 1-1　働く意義　82
- 1-2　働く環境　87

❷科学技術と社会　92
- 2-1　技術の進歩が世界を変える　93
- 2-2　日本の技術の役割と変化　95
- 2-3　市場・生活者の価値観の変化　96
- 2-4　日本の技術の現状　97

❸グローバル化と技術者の働く場の変化　99
- 3-1　グローバル化と日本　99
- 3-2　業界のトレンドをつかむ　103
- 3-3　働く場の状況　106

❹職業社会の求める要件　110
- 4-1　社会が企業に求めるもの　110
- 4-2　技術者に求める能力　112

❺社会人基礎力　113
- 5-1　社会に出る前につけるべき力　113
- 5-2　入社選考で重視した点　115
- 5-3　社会人基礎力の位置づけ　116

第4章　コミュニケーション力　　117

❶コミュニケーション　120
- 1-1　スムーズなコミュニケーションを始めるには　120
- 1-2　コミュニケーションは挨拶から　121
- 1-3　敬語の使い方　122
- 1-4　大学の学びにおけるコミュニケーション　123

❷「きく」　124
- 2-1　上手な聴き方　125
- 2-2　聴く、話すのは言葉だけではない　126

❸話す　127
- 3-1　上手な話し方　127
- 3-2　アサーション　128

    3-3　プレゼンテーション　129
- ❹ 書く　130
    - 4-1　書くとは　130
    - 4-2　レポート・論文の書き方　131
    - 4-3　ノート、メモの書き方　133
    - 4-4　読むこと　133
- ❺ 企業活動におけるコミュニケーション　134
    - 5-1　技術者としてのコミュニケーション　134
    - 5-2　職場でのコミュニケーション　135
    - 5-3　技術者のコミュニケーションツール　136
    - 5-4　報告、連絡、相談　136
    - 5-5　企業の社会的責任（CSR）　137
    - 5-6　技術者としての倫理観　138

第5章　技術者として進路を考えよう　139

- ❶ 進路を考えよう　140
    - 1-1　進路を考えるときに　140
    - 1-2　若者の就業意識　142
    - 1-3　進路選択のポイント　143
- ❷ 企業の求める人材を知る　148
    - 2-1　会社・職場のキーワード　148
    - 2-2　職場での君は　150
    - 2-3　会社・職場での進路　152
    - 2-4　グローバル人材とは　155
- ❸ 就職先を考えよう　156
    - 3-1　企業・会社とは　156
    - 3-2　企業を知る　160
    - 3-3　官庁とは　166
    - 3-4　優良中堅企業を視野にいれる　169
- ❹ 先輩からのメッセージ　172
    - 4-1　建築・土木工学分野　173
    - 4-2　機械工学分野　174
    - 4-3　電気電子情報通信分野　175
    - 4-4　化学工学分野　176

資料1　ライフキャリアレインボー　178
資料2　業界の分類　179
資料3　求人票の例　180

参考文献　181

第1章 キャリアデザインと大学での学び

❶ キャリアデザインとは

　理工系の学生が技術者として活躍するためには、社会に出る前につけるべき力である「社会人基礎力」（アクション、シンキング、チームワーク、p.113 参照）に加えて、技術者としての資質、興味、価値観、倫理観、知識、そして意欲において特有のものが存在します。それらを育て身につけるために、大学生らしく生活することが大学におけるキャリア（career）です。言い換えると、キャリアがさまざまな経験の積み重ねとその意味づけであると考え、すべての学生生活を通してできることに幅広く取り組み、考え、現在のキャリアをつくることが大切なのです。

　本来、キャリアとは、職業人生、職業経験の意味であり、大学で身につけた力を発揮して、将来社会で自分の夢、希望に向かって進むための分岐点の多い登山道ともいえます。その道をたどるためには、基礎となる人間力、知識、知恵、そして情熱が必要です。それらを育むこと、そして今だからこそ失敗を経験することも貴重であり、それが皆さんの学生時代のキャリアを有意義なものにし、技術者として夢を実現するために将来役立つのです。

　本書では、理工系の学生が社会に出て、一人の社会人として、そして技術者として責任を持ち自立するために、現在そして将来どのような行動を、どのようなモチベーションで実行することが必要なのかを考えるためのヒントを示します。そのため技術者をめざす理工系の学生のキャリア形成を強く意識して内容を考え構成しています。

　グローバル化の進む技術者の世界で、自己実現するために、意味のある学生時代を送る大切さに学生自らが気づき、行動することを支援したいと考えています。学生という社会にはばたく力を蓄積するための期間に、大学でしか経験できないこと、出会い、学びを知り、そのキャリアを意義深く過ごすことを期待しています。この経験、出会い、学びが、人生を主体的に描き、実現に向けイメージを具体化するための行動を整理し、考えるきっかけとなれば幸いです。

　専門に見合った知識を持つことは当然であり、そのなかに自らの柱となるべきゆずれない見識を育てることが理工系学部で学ぶ学生が持つべきプライドであると思います。そのプライドを身につけるのが、学生としてこの 4 年間学ぶことを許された若い皆さんのするべきことなのです。

1-1 キャリアデザインをつくる

本書の目的
1. 自分で夢、目標を描く
2. 人生における働く意義、価値を知り、自らの職業観を明確にする
3. 自ら考え、自ら学ぶ力を向上する
4. 修学・就業に必要なコミュニケーション力を強化する

自己理解ができ、コミュニケーションがとれ、職業社会が理解できて
私のキャリアデザインができる

1-1 本書の目的

　本書の目的は、理工系の学生である皆さんが、具体的な学びの目標として次の4点を意識して大学生らしく生活するためのヒントを示すことです。

① 自分で夢、目標を描く。
② 人生における働く意義・価値を知り、自らの職業観を明確にする。
③ 自ら考え、自ら学ぶ力を向上する。
④ 修学・就業に必要なコミュニケーション力を強化する。

　大学生活を通して自己理解を深め、職業社会を知ることで、皆さん自身のキャリアデザインをつくることができます。

　キャリアデザインとは、将来の職業人生をどう歩むかを考え、選択し、プランし、そして実行につなぐことです。ステップの第一段階は、自分を知ることです。第二段階は、職業社会を知ることです。そして、そのマッチングを考え、自己の職業人への目標を設定することです。第三段階は、設定した目標において求められる要件に対し、足りないものの認識、伸ばすべき点の把握、そして伸ばすための行動の具体化をすることです。これが大学におけるキャリアデザインです。

　そのなかで、日々変化する社会の状況を理解して、それを自らのキャリアデザ

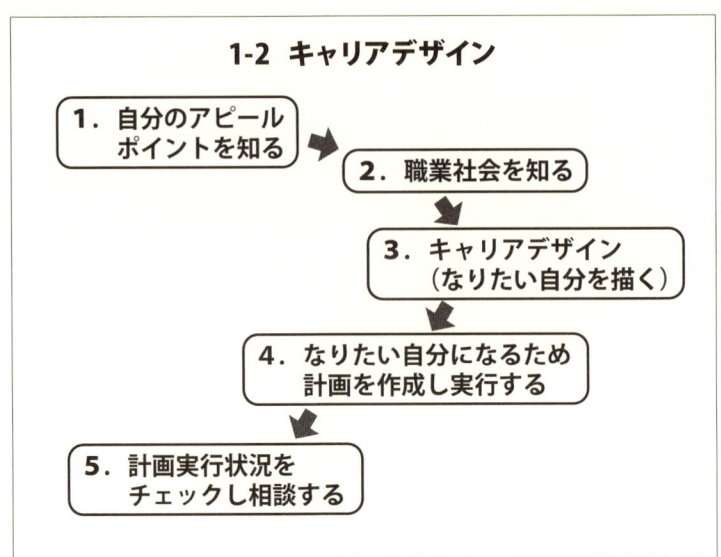

インに生かすことも極めて重要なことです。理工系の学生として、技術社会の変化を意識した自分の活動計画を柔軟に作成することも大切です。

1-2　キャリアデザインを学ぶ目的

　先に述べたキャリアデザインの考え方をイメージにすると、図 1-3 のようになります。「自分」と「社会」のマッチングであり、そこで設定した目標に足りないものを、大学生活のなかで学び、補うということです。大学は、その学びを支援する幅広い環境を備えています。学生はそれを大いに利用して、自己成長のために役立てるべきです。

　そのために、まず自分の幸福感がどのように得られているのかを考えることが第一歩です。それは人それぞれ異なります。価値観、職業興味、能力適性、性格特徴、環境状況が、これまでの生活のありかた（ライフライン、p.60 参照）により様々な形で作られてきたからなのです。これらはもちろん個人により異なるものです。さらにそれらを自分の良さ、アピールポイントとして整理することが大切です。たとえば、技術の社会的価値の理解、技術分野への興味、論理的思考力、創造性、数学・物理・化学の基礎知識などですが、これらを大学生活のなかでより深く、より強く、より大きく育てていくのです。

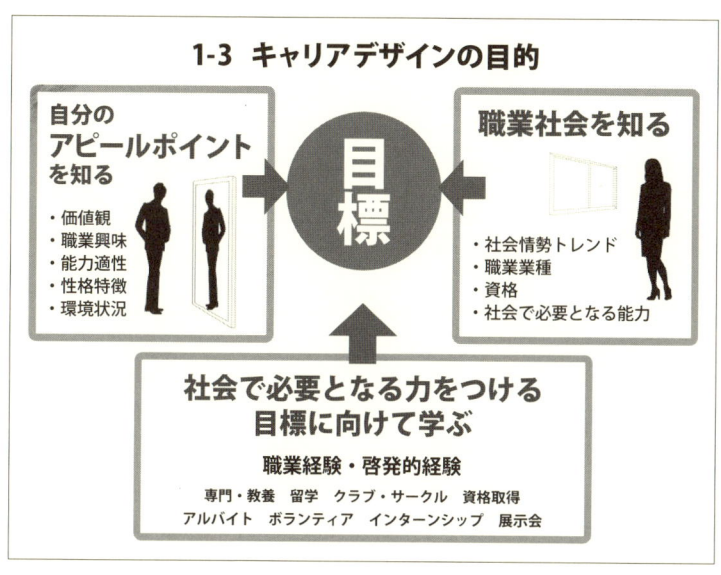

　次に、これからのキャリアは、社会すなわち職業世界においてさらに幸福を感じるために進む道といえます。それを見つけるためにこれから踏みだす世界を知ることです。自分はどの分野で、どんな立場で働きたいのかを思い描くことです。業界、職種を考えるとき、広い視野で社会情勢に興味をもつこと、そして必要な力を客観的に知ることも、判断のためには大切なことです。

　そして、思い描いた目標に向けて必要とされる力をつけるために学ぶことが、皆さんが大学生活を送る意味です。専門・教養の知識を深めることはもちろんですが、それ以外にも力をつけるために多くの経験が大いに役に立ちます。何より意欲を持って取り組むことが大切です。

　これらのことを考え、実践するきっかけをつくることが、キャリアデザインを学ぶ目的です。

memo

第1章 キャリアデザインと大学での学び

1-4 失敗を恐れないで、まずは踏み出す

「私のチーズはどこへ行った」

"いつもチーズを与えられていたネズミ……"
"与えられなくなった!!"

探し動く

ず〜っと待つ

悲観して死ぬ

参考：スペンサー・ジョンソン著、門田美鈴訳『チーズはどこへ消えた？』扶桑社

　キャリアデザインは、皆さんが卒業後の人生を考え、充実した学生生活を送れるように、各種の情報・知識を提供し、社会人として必要な力をつけてもらうことが目的です。ここで皆さんに、次の話を考えてもらいたいと思います。

> 　老女が一人で住んでいる家に、3匹のネズミがいました。寂しい生活を送る彼女は、何時も、彼らにチーズを与えていましたので、彼らも、食べ物を探し回る必要がありませんでした。ところがある時、彼女は老衰で天国へ召されてしまい、もはやチーズを与えてくれる人は、誰もいなくなりました。当然、お腹が減り始め、1匹目は食べ物を家中に探し動き、それもなくなると外へ行ってしまいました。2匹目は、誰か与えてくれる人間が来ないだろうか、外へ行った1匹目が食べ物を持って来てくれないだろうかと、期待しているのか、そこでずーっと待っていました。3匹目は、もう駄目だと悲観して、自ら死んでしまいました。

　皆さんがネズミならば、どうしますか？
　社会人のみならず、技術者の卵としても、皆さんに特に学んで欲しいのは、1匹目のネズミのように失敗を恐れないで「まずは踏み出す（アクション）」ということなのです。

> ## 1-5 キャリアデザインの学びにおいて
> #### グループワークを重視
>
> ① **アクション** 「前に踏み出す力」
> 　　　　　　　　自ら意見を述べる
>
> ② **シンキング** 「考え抜く力」
> 　　　　　　　　興味を持って前向きに考える
>
> ③ **チームワーク**「チームで働く力」
> 　　　　　　　　他の人の意見も聴き、協働する
>
> **①②③の大切さを行動で実感する**

　キャリアデザインの学びでは、「グループワーク」を重視しています。グループで共に話し合うことが、社会へ出るために求められている、3つの能力（アクション、シンキング、チームワーク、p.113 参照）を養成していくと考えているからです。

　授業での発表の場においては指名を待つのではなく、積極的に意見を述べることで「アクション」が、様々なテーマに興味を持ち、与えられた情報とともに懸命に考えてみることで「シンキング」が、そして、自らの考えを整理して、発言し、他の人の意見を聴き、目標に向かって協働していくことで「チームワーク」が、それぞれ養成されていきます。

　大学生活のいろいろな場面で友人と議論して、それを実感してください。

memo

1-6 キャリアデザインで考えること

「将来どう生きるか？ 働くか？
自分で目標をつくること」

自分を知る ＆ 社会を知る	自分の夢や目標を考える

自分の夢と目標に向かって大学生活を考える

1-3 キャリアデザインで考えること

　自分の夢、それは目標とよぶべきものかも知れません。たとえば、将来の生き方、働き方、成し遂げたいこと、大きく言えばライフワーク、天職が見極められれば、そんな幸せなことはありません。

　キャリアデザインの学びのなかで、皆さん自身の中に育んでほしいことは、4つあります。

① まず、自分で夢・目標を描くことです。
② そのために、働くことの意味を自分のものとすることです。これが自分の職業観です。
③ さらに、社会で輝いて生きるために、自ら考え、学ぶことです。これは、自己の存在を実感するための基本となる姿勢です。
④ そして最後に、自分の考えや感性を共感してもらうための自己表現力です。なかでもコミュニュケーション力は技術者のみならず社会人すべてに大切な基本的な能力なのです。

　そのために、まず自分を知ることです。自らを客観的にみて、価値観、興味、能力、性格、環境状況などを考えることが必要でしょう。友人・家族・隣人・先

生など、周囲の人たちとの交流から、自分について気づくこともあります。職業興味検査、職業適性検査、性格検査など、客観的なデータを利用することもできます。

次に、学生の巣立っていく場である社会の現状と動向、構成、ルール、業界、企業、社会人基礎力などを知ることが必要です。そして、自分自身とのマッチングを念頭に、目標設定に向け考えるのです。

そして夢、目標が、漠然とでも見えたとすれば、その領域に近づくために、大学生活を大いに利用すべきです。恵まれた立場、環境を生かして、学び、コミュニケーション、経験、挑戦することで、必要な力を自ら育てることになります。

自分の夢、目標が見えれば、それに向かって大学での生活を楽しく有意義に、そして豊かに過ごすのにはどうするのかを考えるのです。

1-7　自分で目標を描くコツ

SMART

Specific　　　具体的に
Measurable　　測定できるかたちで
Achievable　　達成可能なかたちで
Relevant　　　組織や自分の価値観に関連させ
Time-bound　　期限を設定する

そして行動を起こす！

1-4　自分で夢・目標を描く

キャリアデザインのなかで、夢や目標を設定することが必要であるということを述べましたが、さらに実現に向けて行動することが大切です。行動に移しやすい目標設定のコツについては、5つの視点から考えることができます。

①具体的に、②測定できるかたちで、③達成可能なかたちで、④組織や自分の

価値観に関連させ、⑤期限を設定することで、行動につながる目標ができます。

これらの英字の頭文字をとると SMART になりますが、なかなか行動が起こせないという人は参考にしてください。また、目標は書くことによって実現に一歩近づくといわれます。目に見える形にして、手の届くところに置いておくのも良いでしょう。

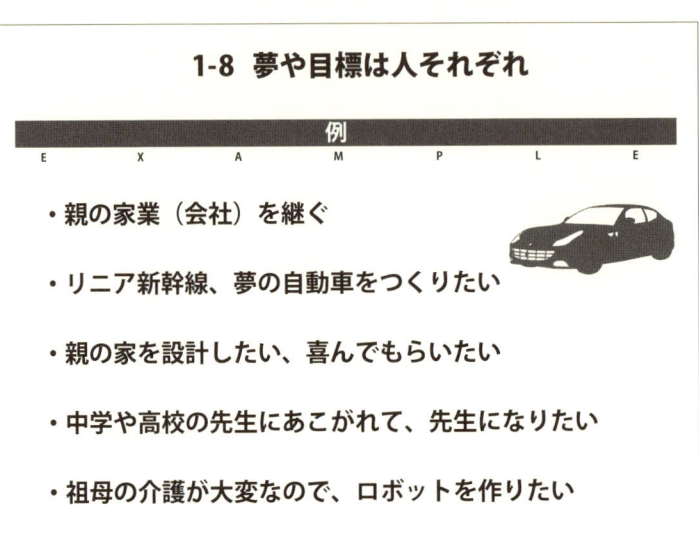

1-8 夢や目標は人それぞれ

例 EXAMPLE

・親の家業（会社）を継ぐ

・リニア新幹線、夢の自動車をつくりたい

・親の家を設計したい、喜んでもらいたい

・中学や高校の先生にあこがれて、先生になりたい

・祖母の介護が大変なので、ロボットを作りたい

　大学に入学して間もない学生が、明確な夢や目標を持っていることは少ないかもしれません。でも、これまでの生活をじっくり振り返ることで、自分が心に持っている、したいこと、なりたい自分、楽しいと思えることなどが浮かんでくるものです。ライフライン（自分史）を描くことで見えてくるかもしれません。

　ライフラインとは、過去の経験のプラス要素とマイナス要素を時間軸で振り返り、自分の個性（価値観、性格、能力、興味）形成の過程を自己分析し、現在の自分を知るためのものです（p.60 参照）。この時点でイメージできる思いは、素直に自分のものとして受け止めればいいのです。それが、学生生活のなかで、自分のアピールポイントへの理解を深め、実現可能な本当の夢といえるものに育っていくかも知れないのです。

　たとえば、図1-8に挙げたように、親の仕事や会社を継ぐ、これから伸びるだろう電気自動車の開発に携わる、親の喜ぶ家を自ら設計する、尊敬される先生に

なる、祖母の介護の経験から介護補助ロボットの設計をするなど、わかりやすいイメージで見えてくるかもしれません。リラックスしながら、そういった想像をしてみましょう。

1-9 マズローの欲求段階説

- 自己実現の欲求
- 自我の欲求
- 社会的欲求
- 安全の欲求
- 生理的欲求

働く→苦しくない→自己実現
・自分の特性、興味に基づいた可能性
・自分のやりたい事、能力を発揮

マズローの欲求段階説

1-5　人生における働く意義を考える

　人は何のために働くのでしょうか。広く定義されているのは、職業の3要素とよばれる「生計を維持すること」「社会貢献すること」「個性を発揮できること」の3つです。収入を得て経済的に自立し、その労働により社会に貢献する、そして最終的に自己を表現でき、社会における自分の存在を肯定できることが、働くことの意味です。

　A. マズロー（A.H.Maslow、米国、心理学者）は、人間の欲求とは、「5段階のピラミッドのようになっていて、底辺の第1段階の欲求が満たされると、次の1段階上の欲求を志すこと」を示しています。人間を成長する存在とみて、「人間はより高次な欲求に向かって成長する」という前提になっているからです。人間の欲求段階は、生理的欲求、安全の欲求、社会的欲求、自我の欲求、自己実現の欲求の5段階です。

　①「生理的欲求」は、生命維持のための食事・睡眠・排泄など、生きるために最

小限必要な欲求です。

② 「安全の欲求」は、危険や脅威もなく、安全に経済的にも安心して生活したいという欲求です。

③ 「社会的欲求」は、集団に属したり、仲間から愛情を得たいという欲求です。

④ 「自我の欲求」は、自分は他人から価値ある存在と認められ、尊重されたいという欲求です。

⑤ 「自己実現の欲求」は、自分の持っている能力や可能性を最大限に引き出し、創造的活動がしたい、目標を達成したい、自己成長したいという欲求です。

働くことは、人間が求める最高の欲求である「自己実現の欲求」を満たすための活動でもあるのです。

ここでは石工の例で説明します。

3つの職業観があります。

① 石工Aさんは、「私の仕事は石を砕く・削ることです。」
② 石工Bさんは、「私の仕事は生活のためにお金を稼ぐことです。」
③ 石工Cさんは、「私の仕事は立派な聖堂を作ることです。」

皆さんはどう考えますか？

何が大切かは人それぞれですが、働くことは個々の欲求を満たすことになります。人間がもつ欲求で一番高位なのは、自己実現の欲求と言われています。皆さんが生き生きと働くために、自分の満足につながる職業観をもつことが必要であり、それを実践できることが幸せにつながるのです。

皆さんは、目標とする社会での自分が、どんな思いで働くのかということを考えておくことが大切です。それが職業観なのです。社会で生き生きと働くためには、自ら職業観を育むことが必要なのです。

memo

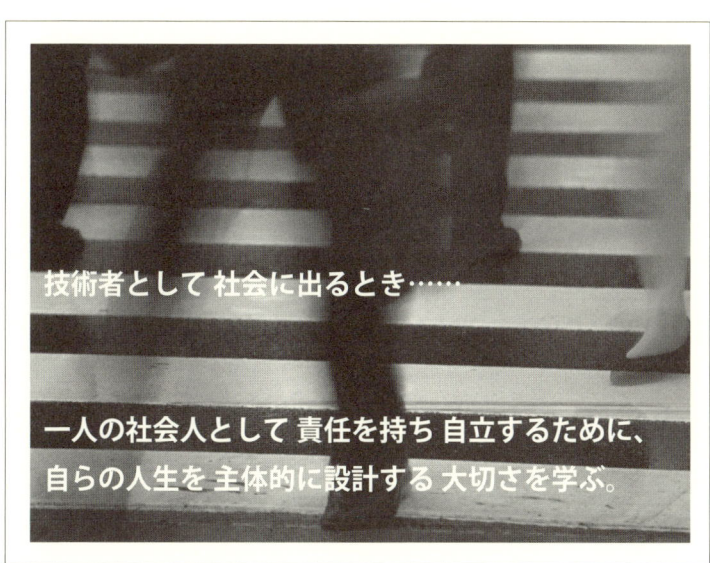

技術者として 社会に出るとき……

一人の社会人として 責任を持ち 自立するために、
自らの人生を 主体的に設計する 大切さを学ぶ。

❷大学で自ら考え、自ら学ぶ力を向上する

　受験勉強から開放され、大学入学を果たした皆さんは、人生の一大事を成し遂げたかのように思っているのではないでしょうか。大学生活の間に20歳という成人年齢に達しますが、それは形式的に大人になることに過ぎません。大学生活では教養・専門知識を身につけ、行動・精神的にも自立した大人に成長することが大切であり、そのための過ごし方、学び方を早く自覚して自分のものにしなければなりません。

2-1　学びの目的

　この社会には、さまざまな働き方があります。一般の就職活動で用いられる産業分類では、30の分類があり、職業に細分類すると約3万あるといわれています。そのなかから、大学での専攻を前提に絞込み、さらに能力、興味、性格、意欲とのマッチングにより選択することが必要となります。

　社会は人間が「生きていく場」であると同時に「生かされていく場」でもあり、人間として人間に対する付き合い方を必要とするところです。大学生活では、教養と専門の勉学を積み重ね、知識とそれを応用できる知恵の芽を育んで、社会という「人の交わり」のなかへ力強く参加できるよう自らを鍛えてください。

　大学は「知」の創造拠点であり、その一員として自由に能力を表現し、将来の道筋に向かって学びを進める場です。授業やゼミ、課外活動や友人関係など、新鮮で知的な経験の積み重ねが、将来の社会生活をつくるうえでの、たいへん重要な糧となります。大学という教育の場から実社会へ出ていくためには、大学生活で学習目標、生活目標、経験目標を自主的にたてて、規律ある学びを実践しなければならないのです。またそのためにも、大学を活用して情報収集すること、教務センター、学習センター、キャリアセンターなどへ足を運ぶこと、そして卒業して自立した社会人・技術者になるという自覚を持つことで、次なる人生のステップに向け、各自が充実した日々を主体的に過ごしましょう。

　皆さんはこれまで、小中高教育で幅広く将来、必要となる学びに向け、基礎となる知識を身につけてきました。大学ではこれとは異なり、それぞれの専門ごとで自ら高い山を作り、社会に羽ばたくことになります。さらに、大学で学んだことを基礎に、社会では技術者として、身につけた高い能力での貢献が求められます。そのために、専門での勉学、社会が求める人材像としての社会人基礎力、そして技術者としての自己実現の道筋などを考え、それを身につけ歩むための第一歩がキャリアデザインの学びです。皆さんには、技術で社会に貢献していくことが求められます。同時に、そこから自己実現の喜びを得ることになるのです。

memo

1-12 大学での学びの目的

1 社会に貢献・有用な**技術**を身につける

2 工学分野／基礎／課題解決法を身につける

3 技術者としての**責任**、チームワーク

　では、皆さんの将来、社会での活躍の姿を頭に描きつつ、大学での学びのあり方、目標とする能力を考えてみましょう。社会、人間生活へどのように貢献する技術であるのかを、自分自身でよく考えて正しく理解し、そのうえで自分の能力として身につけることが大切です。せっかく選んだ専門分野、学部、学科です。そこで学ぶ技術が、どのように社会に有用なのかを気づくことが、学びの大きなモチベーションとなります。

　社会は、激しい変化の渦にさらされています。新聞やテレビでは、毎日のように政治・経済・社会・科学技術での変化が話題になっています。皆さんが卒業する頃には、変化はさらに激しく広範囲に、スピードを増しているに違いありません。変化し続ける社会の課題、問題解決に大きく貢献することが期待され、それを実現してきた人々に〈技術者〉がいます。現在の全世界の人間社会の豊かさ、快適性、利便性など、その発展の源、そして日々の人々の生活を支える力として、技術者の活躍はなくてはならないものです。「近代文明」は科学・技術の発展により構築されたといっても過言ではないでしょう。それだけに、皆さんのこれからの大学生活では、技術者として将来、社会で大きく貢献する能力を木の枝や草の根のようにたくましく伸ばしていくことが求められているのです。

1-13 日本の理工系学生のポジション

世界の主要国学位取得者分野別構成

国名	大学在学数・率 在学者/該当年齢人口	学士取得者数 (想定取得率)	理学・工学専攻	該当年齢	年度	備考
日 本	2739千人 55.2%	541千人 (79%)	108千人 20.0%	18-21 (4年)	2010	
米 国	9841千人 58.5%	1563千人 (64%)	252千人 16.2%	18-21 (4年)	2007	
英 国	1290千人 52.8%	335千人 (78%)	94千人 28.1%	18-20 (3年)	2007	
仏	2232千人 53.6%	168千人 (38%)	41千人* 53.6%	18-22 (5年)	2008	院を含む
独	1394千人 35.5%	267千人 (77%)	76千人 28.6%	19-22 (5年)	2008	高専を除く
ロシア	5860千人 ―%*2004年度	1052千人 (72%)	281千人 26.7%	(4年)	2008	
中 国	20210千人 ―%	2083千人 (41%)	868千人** 41.7%	(4年)	2008	
韓 国	1963千人 78.3%	285千人 (58%)	101千人* 26.7%	18-21 (4年)	2009	休学者を除く

教育指標の国際比較 H.23年版 文部科学省　　＊農学専攻を含む　＊＊在学者の理工専攻者率（実数は推定）

　世界に目を向けて、日本の理工系学生のポジションを確認してみましょう。世界の主要国における学位取得者の分野別構成から、皆さんと志を同じくする理学・工学を専攻する学生数を見てみます。日本は、約11万人です。米国は約25万人ですが、総人口比からすれば、日本と同じ率だと考えられます。隣国の韓国も約10万人ですが、総人口比から考えると日本の倍以上の数です。また中国は約87万人で比較にならないほど多数の学生がいます。

　これらの各国の学生が、将来、技術者としてグローバルに活動することになります。技術立国を自認してきた日本にとって、技術の先行性、技術レベルの高度化を維持することが、たいへん厳しい状況であるとともに、日本で技術を学ぶ皆さんへの、社会の期待は大きく、皆さん自身も、高い目標と自覚を持って技術者として学びを進めてもらいたいと思います。

memo

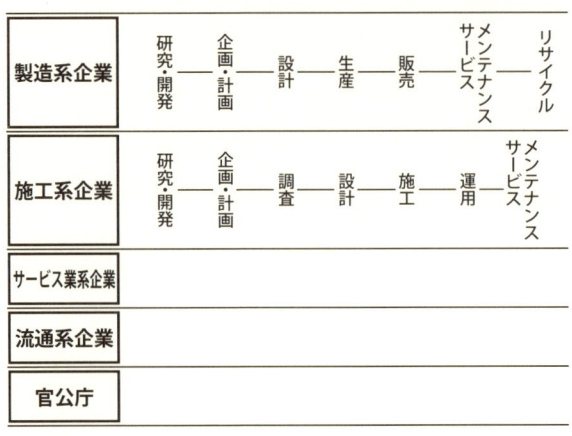

　では将来、皆さんが社会へ出て、どのような技術者として活動するかを、職種として述べてみます。

① 企業の研究所、大学などの研究機関での研究・開発業務
② 企業が行なう新プロジェクト・新製品・新サービスなどの企画・計画業務
③ 新プロジェクト・新製品・新サービスの事前調査業務
④ 新プロジェクト・新製品・新サービスの基本設計及び実施設計業務
⑤ 実施設計に基づいた生産・施工業務
⑥ 完成した製品・装置・構造物の運用サービス・メンテナンス業務
⑦ 製品・装置・構造物のリサイクル業務

　このように多岐にわたり、技術者は今後ますます活動の場が広がると考えられています。

memo

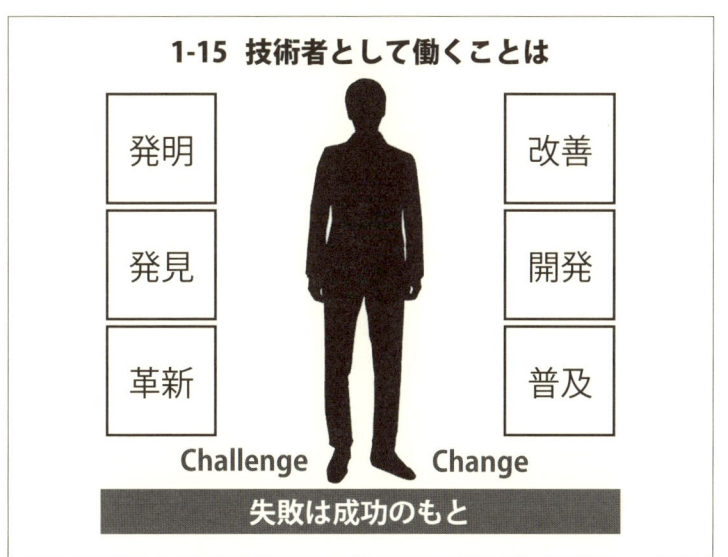

　皆さんが技術者として実際の職場で働くとき、まずは企業の組織全体の動きを把握したうえで、自分の業務の目標・内容を理解し行動することとなります。まずは、自分の能力を職務にあわせていくことになりますが、大切なことは、それぞれの場で、皆さんの個性を生かした技術者としての創意工夫や努力で職務に取り組む姿勢であり、心構えだと思います。

　仕事へチャレンジ（Challenge）、そして新しいアイデアを盛り込んだ仕事内容のチェンジ（Change）は、若い皆さんのみならず、技術者全体に終生求められるものであり、その行動が「発明」「発見」「開発」「改善」などにつながることになります。技術者は、既存技術と先端技術を、自らの想像力と論理的な思考力で融合させ、製品・生活の革新（イノベーション）をもたらし、社会をより快適な生活の場とすることが求められるのです。

　「失敗は成功のもと」という言葉がありますが、ただ失敗を恐れず、仕事にチャレンジすることだけでなく、価値のある技術への挑戦こそが、今後の社会発展を担う技術者としての責任だといえます。

1-16 社会に貢献・有用な技術を身につける

発明・発見
研究・開発
設計・生産
改良・メンテナンス

→

新原理を見つける
新しい物をつくりだす
実現する、作る
合理化、改善

貢献

　ここで社会に貢献する技術、社会に有用な技術について考えてみましょう。科学、工学、技術の分野での発見・発明・研究・開発などが華々しく話題になることが多々あります。これらは人類の資産として、人々に大きな喜びと希望を与えていますし、そのプロセスから挑戦的な行動、あきらめない粘り強さなど、人として学ぶべきものが多くあります。また、日常の皆さんの目の前にある電気・ガス・水道・通信などインフラの設備、サービスは、あって当たり前、特に何といって変わりばえのないものと思われがちですが、実はそのようなものを「作る」ことは、長年にわたり人々が発見・発明・研究・開発・技術として積み上げてきたものの集大成です。社会に出て技術者の一員として、その活動に参加する皆さんは、専門家として、その分野を理解しようと努力することが、自分の仕事の大切さの自覚となり、さらに目標・夢につながるものです。

memo

1-17 理工学分野の学び

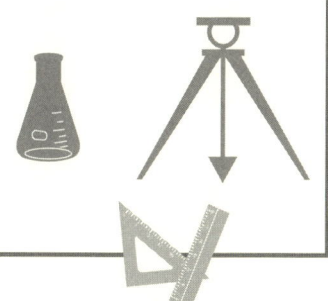

① 実証的
② 課題形成
③ 課題解決
④ 専門技能

原理・原則・理論

　専門分野で社会参画するために最低限必要なことは、理学・工学分野の基礎知識・課題形成・解決方法を身につけることです。理工系の大学での学びにおいて、実験・実習・演習などで、

① 実証的
② 課題形成
③ 課題解決
④ 専門技能

などの修得が技術者として必須です。

memo

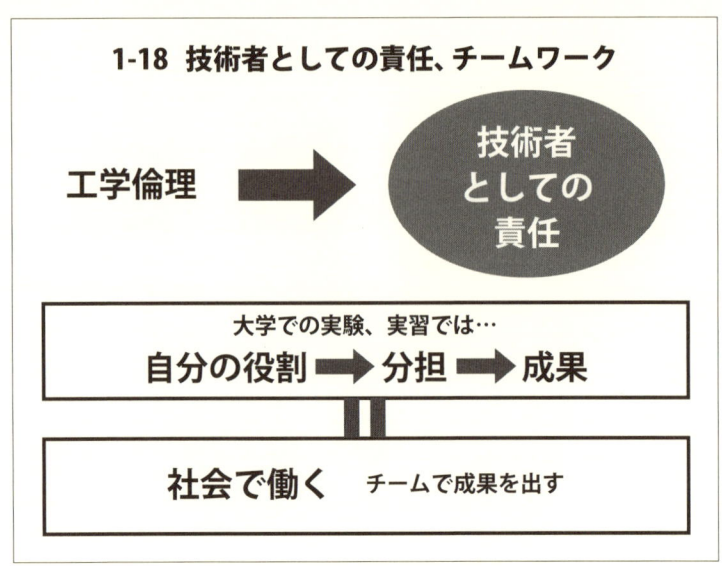

　また実社会での技術者としての活動は、技術職務に対する期待・役割を果たすためには、「人との交わり」「チームワーク」を無視しては成り立ちません。大学での学ぶ過程にも、人との交わり、チームワークで目標を達成する機会がたくさんあります。それは実験・実習などです。学びの目的を全員が理解し、各自の役割分担、そして集合としての成果をだすプロセスは、実社会で技術者として働くチームワークに似ています。自分の役割分担を果たす専門技術の必要性と、チームワークでの成果の実感を体験してください。そして、将来、社会で生き生きと働く技術者になるべく、学んで欲しいと願っています。

memo

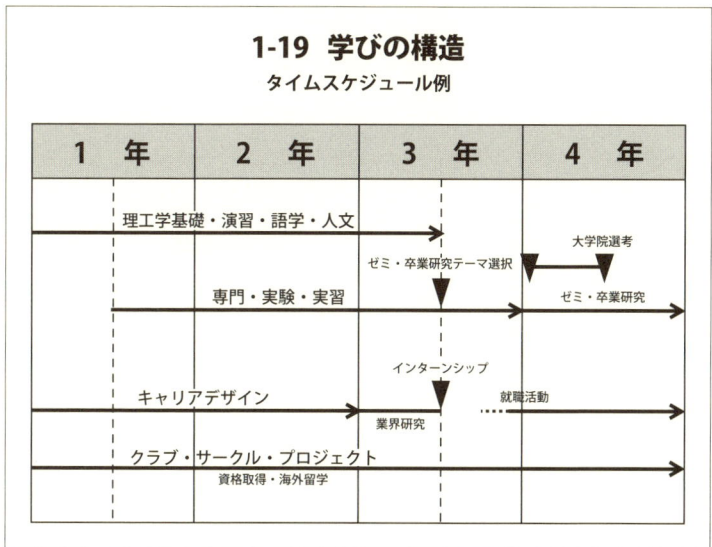

2-2　学びの構造

　ここで具体的に大学4年間の学びのタイムスケジュールを見てみましょう。理工系学部では、基礎科目は1年生から3年生、専門科目は1年生から4年生にわたり履修することになり、4年生になると各ゼミへの配属と卒業研究・論文・制作を行ない、大学院進学者の選考も実施されます。それと並行して1、2年生でのキャリアデザイン授業、3年生からの就職ガイダンス、3年生夏休みを中心としたインターンシップ、3年生後期からの就職活動という実社会に出る活動があります。また、より充実した学生生活を送るべく、クラブサークル、ボランティア活動も4年間通して行なえます。すべての活動が、皆さんが自立した個人として、社会へ巣立つための学びであることを理解して、取り組んでください。

　また技術者を目指す学生にとって、学外の学びの機会を積極的に行なうことが必要だと思います。「百聞は一見に如かず」と言いますが、各種の展示会、工場見学、会社職場訪問、ショールーム・製品・建築・土木の現物を実際に見ることが、皆さんの専門分野での成果が具体的にイメージでき、さらに勉学に力が発揮できるものだと思います。そして、専門の学会誌・専門誌を継続して講読することも、専門分野の大きな流れ、トピックスを知るうえで有効です。

社会への貢献という観点からも、様々なボランティアに参加することは大切です。社会への理解が深まり、人との交わりが経験でき、そしてボランティア活動の結果、成果からの喜び・満足感が体験でき、社会に巣立つ皆さんにとって、自立した人格形成の一助となります。またグローバル化する現在、海外留学、海外旅行なども、自分の視野拡大、価値観の多様性を学ぶには良い方法です。特に、海外留学では、自分の専門のどの部分をより高めたいのかなどの明確な目標を持って、計画的に行なってください。

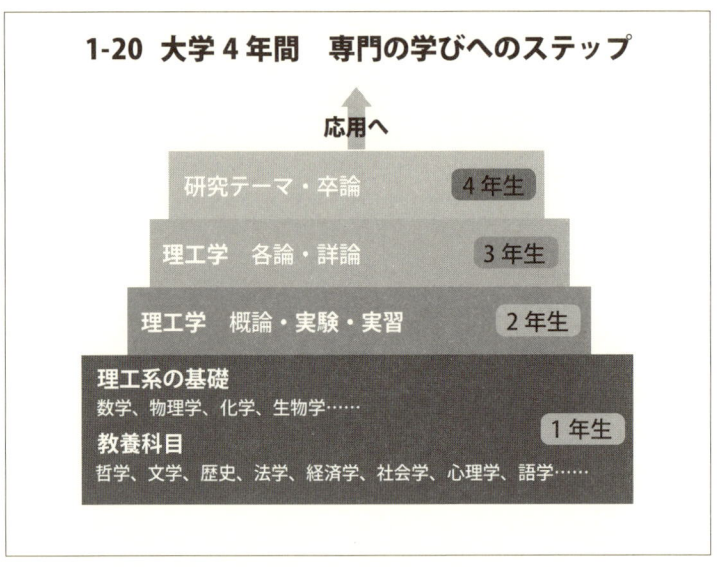

理工学分野・基礎・課題解決法を身につけるための、大学4年間の専門の学びへのステップです。

まず、社会人としての基礎となる、教養科目を学びます。将来、技術者として働くとき、自分の仕事の意味を考えるためにも必要な幅広い知識を身につけるのです。次に、理工系の基礎として数学、物理、化学などの知識を深めることが技術者への第一歩です。2年生後半からは、学科での実験・実習などで、課題解決法の習得、専門とするテーマの構築をめざして、学科をこえた理工学分野の概論を学びます。さらに3年生は、専門の研究テーマを絞り込み、必要な知識、知恵を自分のものとするための期間といえます。そのために、関連分野を深く学びます。4年生には、研究室において、これまで積み上げた知識、知恵を基礎として専

門分野の課題解決の提案としての卒業論文を作成し発表します。

　これが大学での学びの集大成になります。社会での役立ちにつながる応用分野を創出することも大切です。大学での専門家への各ステップでは、着実に知識、経験を積み上げることが必要だということです。特に理工系でのステップを上がるためには、基礎となる数学、物理学、化学などの理工系科目を1年生からしっかり学ぶことを忘れてはいけません。

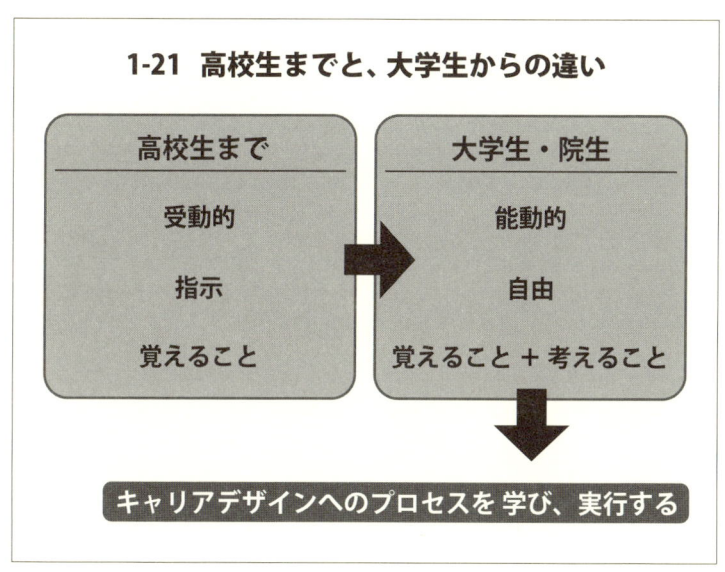

2-3　自ら行動する力をつける

　企業あるいは社会で、強く求められることのひとつが、自ら考え学ぶ力を持つことです。高校生までは、先生に指示され受動的に学ぶことが多いです。多くの学びにおいて、覚えることに割かれる時間が多いというのも現実だと思います。大学生になれば覚えること以上に、考えること、自分から行動するということが強く求められるのです。その力をつけることが、キャリアデザインのなかで重要なことなのです。

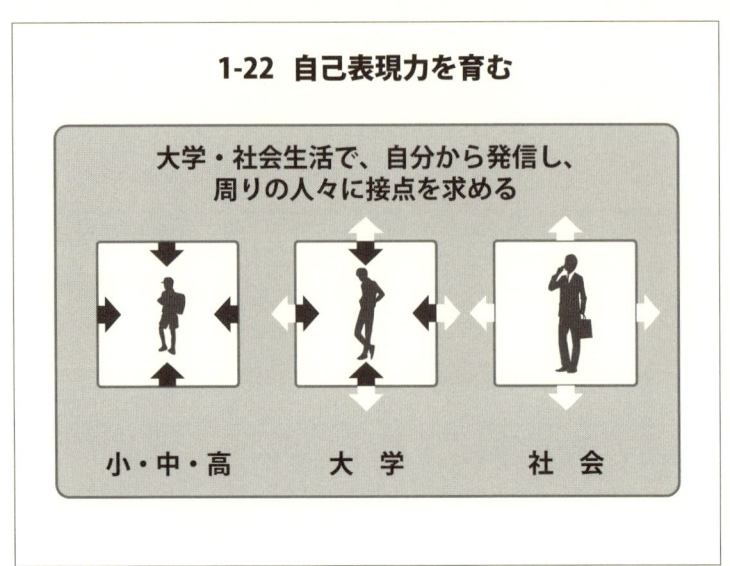

　小中高までの学びは、周囲から指示されたことに応えることが大部分でした。大学生での学びでは、指示されることが少なくなり、自由になりますが、反面、自分自身で判断し、行動する能力が求められるようになります。

　そこで社会へ羽ばたく準備段階として、自ら積極的に発信し、まわりの人々に接点を求め、そのなかから自ら判断・行動することが重要となります。社会では、自らの発信が強く求められます。それは自ら考え抜き、前に踏みだし、行動し、チームワークで働くことにつながります。キャリアデザインの学びのなかでは、ここで述べた能力を身につけるために、特にアクティブに考える場としてのグループワークが大切だと考えています。そこで、能動的に考える学びの手法であるアクティブラーニングの考え方をベースに、表現の場での経験を深めていくのです。

　ここでは、能動的に学ぶという姿勢が必要不可欠です。グループワークでは、テーマは与えられますが、テーマの問いに対する結論はもちろん、その議論のプロセスについても、グループで自主的に考えるのです。そのなかで「問題発見力」「課題解決力」「論理的思考力」を自ら育てていくことが、能動的に学ぶ（アクティブラーニング）意味です。このアクティブラーニングとは、先生が一方的に教えるのではなく、学生自身が、テーマについて自ら議論し、考え、解決する、自主的な学びを取り入れた学び方をいいます。

1-23 学びのピラミッド

学んでから半年後に内容を覚えている率

- 講義 Lecture 5%
- 読書 Reading 10%
- 視聴覚 Audio Visual 20%
- デモンストレーション Demonstration 30%
- ---（能動性の高い部分）---
- グループ討論 Discussion Group 50%
- 自ら体験する Practice By Doing 75%
- 他の人に教える Teaching Others 90%

平均学習定着率 Average Learning Retention Rates

Adapted from NTL Institute for Applied Behavioral Science

立教大学経営学部 ビジネスリーダーシッププログラム 「大学におけるアクティブラーニング調査報告書」 2011年1月24日 から引用

　アクティブラーニングの必要性について、もう少し述べておきます。これからの社会では学力以上に「生きる力」「創造性」「能動性」「交渉力」などが必要とされるといわれています。得た知識を活用し、実践する力が重要なのです。この力を体験を通して強化するのがグループワークです。グループワークの活動は、それ自体がアクティブラーニングであり、議論の内容・経験などが将来、役に立つ形で効果的に身につくことを期待しています。

　アクティブラーニングは学んだ内容を記憶しそれを自分のものとして定着させるうえで、極めて効果的だということが米国 National Training Laboratories（NTL）の調査で明らかになっています。NTL の提唱する学びのピラミッドの平均学習定着率（図1-23）が示すように、他人に教えること、自ら体験すること、そしてグループで議論することが、効果的に学ぶために重要なことなのです。平均学習定着率とは学んでから半年後に内容を覚えている割合のことで、他人に教えることで90%、体験により75%、そしてグループ討論により50%という結果となっています。

　人に話すこと、議論することで、大切な考え方・知識を自分のものにしてください。

```
1-24  自主的な学び
```

カリキュラムを信頼する

- 授業は確実に出る、ノートは自分で取る
- 工学基礎、専門教科、一般教養、語学
- 資格取得
- 自分で調べる
- 友人と議論する

2-4　自主的な学び

　皆さんのなかには、高校までは知識詰め込み型の勉強を続けてきた人が多いのではないでしょうか。中学・高校までは、先生がていねいに教え、生徒は与えられる勉強の仕方でしたが、大学ではそうではありません。大学は、皆さんの「自主的行動」が当たり前の世界なのです。

　大学は高校4年生ではありません。皆さん各自が、専門分野・学校・学科を選んで、新しい学問分野に入り、将来の夢や目標の実現のために必要な「単位取得」した後、「卒業資格」を取得することとなります。「単位取得」という大学時代最大の課題に対し、自分の受講科目の選択をきちんと決めて、4年間の計画を作って実行しなければなりません。皆さん自身が取り組まなければ、大学の先生方も大学の職員の方も、誰も手伝うことはできません。このように大学は、もう人から与えられる「生徒」ではなく、自ら学ぶことを志した「学生」です。大学生の主人公は自分であることを自覚して、あらゆる活動の見方・考え方・行動の仕方・責任の取り方などを学んでいく場です。

　たとえば、高校などの勉強では、参考書などを調べて1つの正解にたどり着くことが当たり前だったと思います。しかし、大学の学問では多くの場合に、正解

は1つではありません。正解があるかどうかさえ、わからない場合が多くあります。大切なことは、客観的に物事を捉え、論理的に結論に導いていく過程を経て、自分が納得できる正解に近づいていくことです。このような学問に対する態度・姿勢は、社会に出てからも、継続して養っていくべきものなのです。

大学4年間の自発的な努力をより実り多いものとするためにも、まずは専門科目・一般教養科目を問わず、授業には確実に出席し、自分でノートを取ることを実行してください。そして日々、あるいは授業の段階ごとに、疑問を残さないようにしてください。学ぶことは、レンガで構築物を造ることに似ています。レンガのない空白部分のある建物は、くずれてしまいます。疑問・解らないことは、まず自分でよく調べる、そして教員・先輩・家族などに質問をする、友人と議論することもいいでしょう。

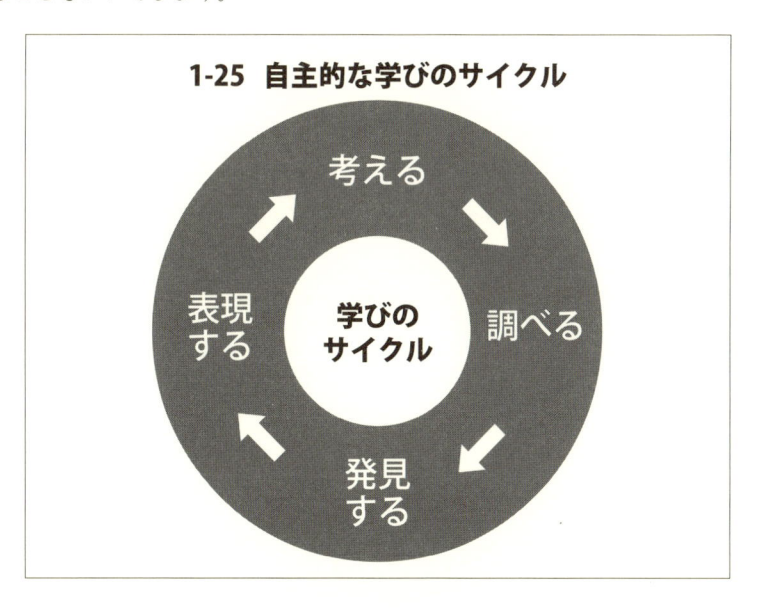

1-25 自主的な学びのサイクル

考える → 調べる → 発見する → 表現する → （学びのサイクル）

大学での自主的な勉学では、「学びのサイクル」を自らの力で廻すことが必要です。自分で課題を考え、自分で調べ、自分で解を発見する、そして自分の考えとして他の人にわかるように表現するというサイクルです。現在の社会は、生涯現役・生涯学習の時代といわれていますが、大学で自分を鍛え、養成した自発的行動力は、皆さんが職業人として歩む力強い味方であり、豊かな人生を過ごすためにも生涯役に立つ能力です。

1-26 読書のすすめ

「工学部キャリアデザイン」選定図書

	書名	著者	出版社	出版年	ISBN
1	こころ	夏目漱石	角川書店	1996	4041001129
2	破戒	島崎藤村	岩波書店	2006	4000072706
3	豊かさとは何か	暉峻淑子	岩波書店	1986	4004300851
4	東と西の語る日本の歴史	網野善彦	講談社	1998	4061593439
5	塩狩峠	三浦綾子	新潮社	1987	4101162018
6	老人と海	ヘミングウェイ	新潮社	1980	4102100040
7	若き数学者のアメリカ	藤原正彦	新潮社	1977	4103274018
8	沈黙の春（新装版）	レイチェル・カーソン	新潮社	2001	4105197037
9	貧困の終焉 2025年までに世界を変える	ジェフリー・サックス	早川書房	2006	4152087234
10	海上の路	柳田国男	岩波書店	2008	9784003313862
11	正倉院	東野治之	岩波書店	1988	9784004300427
12	数学を築いた天才たち（上・下）	スチュアート・ホリングデール	講談社	1993	9784061329898
13	比較文化論の試み	山本七平	講談社	1986	9784061580480
14	下町ロケット	池井戸潤	小学館	2010	9784093862929
15	光あるうち光の中を歩め	レフ・ニコラエヴィチ・トルストイ	新潮社	2005	9784102060124
16	武士の家計簿「加賀藩御算用者」の幕末維新	磯田道史	新潮社	2003	9784106100055
17	愛するということ（新訳）	エーリッヒ・フロム	紀伊國屋書店	1991	9784314005586
18	罪と罰（1.2.3)	ドストエフスキー	光文社	2008	9784334751685
19	フラット化する世界 経済の大転換と人間の未来	トーマス・フリードマン	日本経済新聞出版社	2008	9784532313777
20	「話す」「書く」「聞く」能力が仕事を変える！ 伝える力	池上 彰	PHP研究所	2007	9784569690810

　技術者を目指し、大学で学ぶ皆さんにぜひ「読書」を勧めたいと思います。専攻した各分野での知識・経験を重ね、社会で活躍する自立した職業人となることと同時に、より人間としての視野を広げ、思考を深め、情緒を豊かにする「読書」を行なって欲しいと思います。

　専門分野を高めつつ、常に社会・経済・文化の動きに関心と問題意識を持ち、人間としての幅を広げることにより、本当に社会に貢献する技術・デザインを創出することができるものと考えます。「読書」は皆さんの生涯の友となることでしょう。加えて、日々の国内外の動向を知り、将来の世界を考えるために、新聞などを読む習慣をつけることも重要です。

memo　読んでみたい本をリストアップしましょう

1-27 大学生活での学び

講義以外での活動

① **プロジェクト参加**
　技術者の卵として多くのことが学べる。

② **クラブ活動**
　同好の者とチーム活動で、目標とする技術や能力向上を目指す。

③ **サークル活動**
　同好の者との繋がりや交流が深まる。

④ **ボランティア活動**
　社会奉仕的な活動、自己実現が図れる。

⑤ **インターンシップ**
　一定期間だけ研修生として働く就業体験。

　大学では一般教養科目や専門科目を一所懸命に学ぶことは当然重要ですが、社会人になる前の訓練として、この講義以外に多くの活動に参加して、現実社会を知るということも大切です。

　大学での活動としては、次のようなものがありますので、4年の間にぜひ1つでも積極的に取り組んでみてください。

①プロジェクト参加

　「人工衛星」「ロボット」「ソーラーカー」などのプロジェクト活動で、先端技術の目標に向かって、先生方の指導のもと設計・製作・実験など、技術者の卵として多くのことが学べます。

②クラブ活動

　大きくは野球、ラグビーのような運動系とESS、宇宙研究会のような文化系に分けられ、同好の者が集まりチーム活動やその技術・能力の向上を目指して、指導を受けつつ自発的に行なう互助・学習的な活動で、部活動と言われることもあります。

③サークル活動

　ある一定の活動を通して人間同士の繋がりや交流を深めようとするもので、クラブ活動に比べると人間関係を重視しています。

④ボランティア活動

　一般には、地域などへの社会奉仕的な無償の自発的活動を言いますが、最近では既存の社会・行政システムにはない機能を、創造的な自由な発想で補完する活動も含まれるようになりました。自ら主体的に選択し行動することにより、社会や現実を知り、個人の自己実現を図ることができます。

⑤インターンシップ

　学生が、一定期間、企業などのなかで研修生として働き、就職希望業種や職種の就業体験を行なえる制度のことです。就業体験を積むことで、自分の目標としている仕事の内容への理解が深まり、就職してからのミスマッチを防ぐこともできます。主に、3年生の夏に募集されます。同じように社会体験できるアルバイトとは異なり、基本的に無給です。

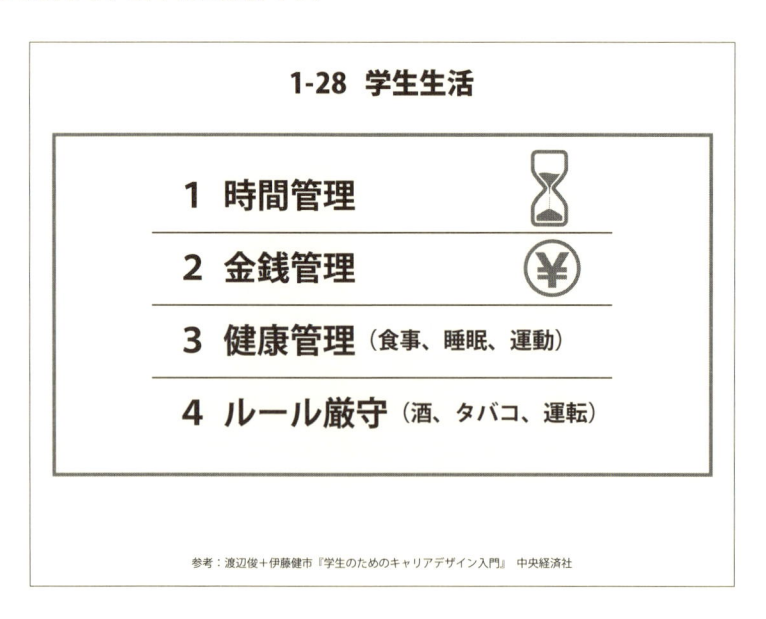

```
1-28 学生生活

1 時間管理
2 金銭管理
3 健康管理（食事、睡眠、運動）
4 ルール厳守（酒、タバコ、運転）
```

参考：渡辺俊＋伊藤健市『学生のためのキャリアデザイン入門』中央経済社

　大学生は、在学中に成人年齢にも達し社会的にも大人としての振る舞いが求められます。日常生活においても、自分で自分をコントロールし自己責任で生活することが必要です。

　まずは「時間」の創出です。学生時代は限られた短い時間です。卒業生の多くが「あっという間の大学生活でした」「時間を有効活用して勉強しておけばよかった」など口をそろえて言います。なりたい自分にむかって自分を教育するために

自由に使える時間を管理してください。

次に、自分を創るために書籍代や機器代・教養費などの「お金」が必要です。たとえば、アルバイトで高収入を得るには長時間働くことになり、自分のための時間が少なくなります。つまり、お金のマネジメントは時間のマネジメントともいえます。学生生活をするうえで「お金と時間のバランス」、そして「収入と支出のバランス」を常に意識しましょう。

また自分で心身の健康を維持・管理することが大切です。日々の健康維持を心掛けるとともに、体調不良のときには、学内の保健室・カウンセリング室などを利用しましょう。

最後にお酒・タバコ・自動車運転などにおける基本ルールは厳守することを、自他共に確認することが重要です。

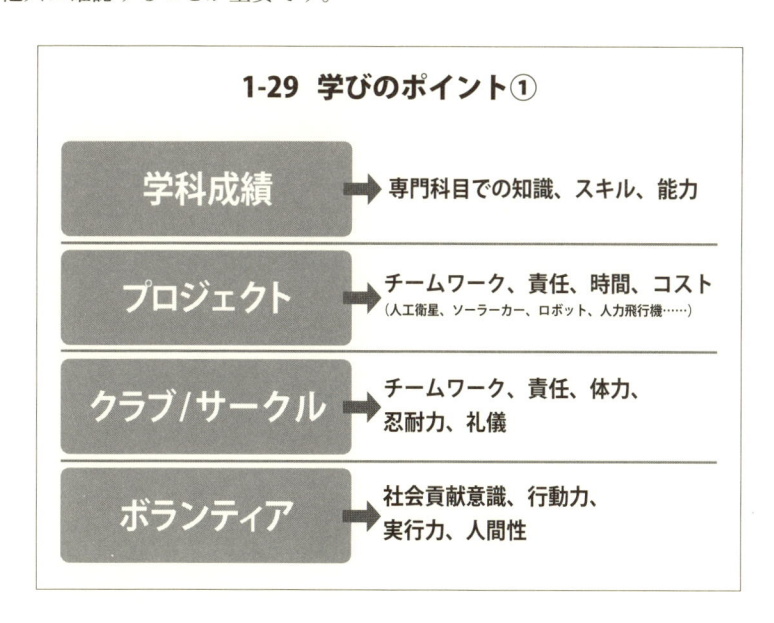

1-29 学びのポイント①

学科成績	→ 専門科目での知識、スキル、能力
プロジェクト	→ チームワーク、責任、時間、コスト（人工衛星、ソーラーカー、ロボット、人力飛行機……）
クラブ/サークル	→ チームワーク、責任、体力、忍耐力、礼儀
ボランティア	→ 社会貢献意識、行動力、実行力、人間性

2-5 学びのポイント

どのような学びが、どのような力につながるのか、考えてみましょう。

まず、学内での学びです。学科のカリキュラムに即した科目での知識習得、技術スキルの育成、そして能力の伸長が、大きな柱となる学びです。大学入学に際して、専門を学ぶための学科を希望し、選択したわけです。だから、そこでの学

びが、将来に向けての自己実現のための柱となるはずです。

　講義以外にも、学ぶ場はたくさん準備されています。ものづくりの実践を体験するためのプロジェクトも、そのひとつです。学生自身が興味のあるテーマを自主的に選び、目標を決め、グループで協力しながら開発、製作を進めていきます。たとえば、ロボットコンテストでの入賞を目標に二足歩行ロボットの開発に取り組むことも大きな学びです。その活動のなかで、ものづくりに必要な実践的な知識のみではなく、将来、社会で技術者として活躍するときに必要なチームで目標に向かって行動すること、個々の責任を果たそうという意識、そして時間やコストの大切さを実感することができるのです。また、クラブやサークルでは趣味、スポーツなどの分野で活動することで、同様の社会力を身につける経験ができます。これらは、社会に巣立つとき大きな武器となるはずです。

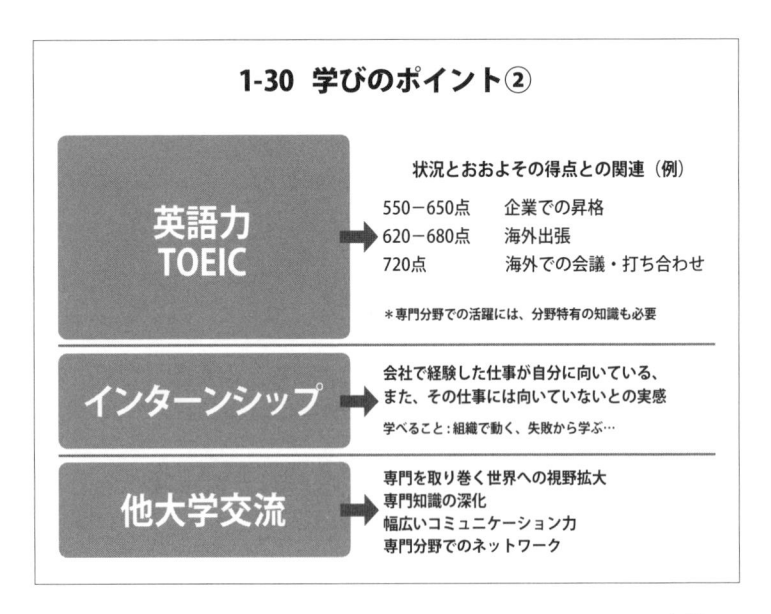

1-30　学びのポイント②

英語力 TOEIC

状況とおおよその得点との関連（例）
- 550－650点　企業での昇格
- 620－680点　海外出張
- 720点　　　海外での会議・打ち合わせ

＊専門分野での活躍には、分野特有の知識も必要

インターンシップ
- 会社で経験した仕事が自分に向いている、また、その仕事には向いていないとの実感
- 学べること：組織で動く、失敗から学ぶ…

他大学交流
- 専門を取り巻く世界への視野拡大
- 専門知識の深化
- 幅広いコミュニケーション力
- 専門分野でのネットワーク

　次に、近年企業でも多く利用されるようになったTOEICです。会社によっては、入社エントリー条件として650点程度取得することを求めている場合もあります。このように、技術者として働くときに必要となる、英語によるコミュニケーション力を証明することが求められるのです。海外の技術者との交流、英語の文献、雑誌、記事からの技術情報、業界情報の収集など、必要な状況は多くあります。もちろん、一般の語学力以上に、専門技術分野の知識、能力が必要条件で

はあるのですが、職種により、英語力として最低限満たすべき水準をクリアすることを要求されるのが現状です。業種・職種により要求レベルに差があるので、自らの目標とする仕事にあわせて得点目標を設定して取り組むことがいいでしょう。なお、大学での奨学生選抜などでは、クリアすべき得点を設定している場合も多くあります。計画的に、着実に、学ぶことが大切です。

学生の時期に、会社などで働く現場を体験して、将来の方向を考えるのに役立つのが、3年生の学生を対象に行なわれているインターンシッププログラムです。夏季休暇を利用して2～3週間、職場体験をします。そこで参加した学生は、体験した仕事への適性などを考えるための、実際の情報を得られるのです。通常、大学の単位として認められます。組織で働くこと、企業での教育などを実感することができることは、将来を見極めるために、またとない機会となります。

また多くの大学では、他大学の専門を共有する学生、教員との交流の機会もあります。学部生にとって専門分野の視野の拡大や、知識の深化、そして人的ネットワークの構築、コミュニケーション力の向上など、得られるものは多くあります。学内だけで考えても、専門力および社会人基礎力の向上に役立つ活動はたくさんあるのです。積極的に主体性をもって参加していくことが、学生生活の充実にもつながるのです。

❷大学で自ら考え、自ら学ぶ力を向上する

1-31 学びのポイント③

展示会	国内外業界動向への好奇心、行動力 情報収集力、製品の現物の知識 業界・企業の知識と働く意欲
工場見学	会社組織の成り立ちの理解 企業の物づくりの現場を知る・感じる
学会/専門誌購読	最新の専門情報収集 開発・創造の視点、視座の学び 専門分野ネットワーク構築、向上心
海外留学	語学：英語、中国語、独語、仏語、… 外国人との自然な交流・議論・協力 　　　　　　　　　　…グローバリズム

次に、学外での学びについて考えてみましょう。

　社会に出る前に、業界の実情、展望を知ることが、自分の将来を考えるためには重要です。学校を一歩出て、業界や学界が主催する活動に参加することによって知ることができるのです。業界が主催する展示会や、専門学会の研究会、年次大会などに参加することが、技術者としての将来を考えるために大いに役立ちます。展示会では、興味のある分野の現状と将来を製品を目の前に見ながら知ることができます。学会では、分野の最新の研究課題や重要テーマ、そしてイノベーションの方向性などを学ぶことができます。その環境において、自らの社会へ出る意欲や向上心、向学心を強く感じることができるのだということも、大きな意義です。

　それ以外にも、会社説明会、工場見学会などに参加して、企業の物づくりの現場を感じることにも、ぜひ取り組んでほしいと思います。また、海外での学びの機会も、外国語に触れるということ以上に、その生活、文化を体感することが、自然な形でグローバルに働くということにつながるのです。

　こういった学びを、どの時期にどのような具体的な目標をもって進めるのかを考えることが、学びにおける大切なポイントなのです。学内、学外を問わず、学生時代の特権を大いに生かしてほしいのです。

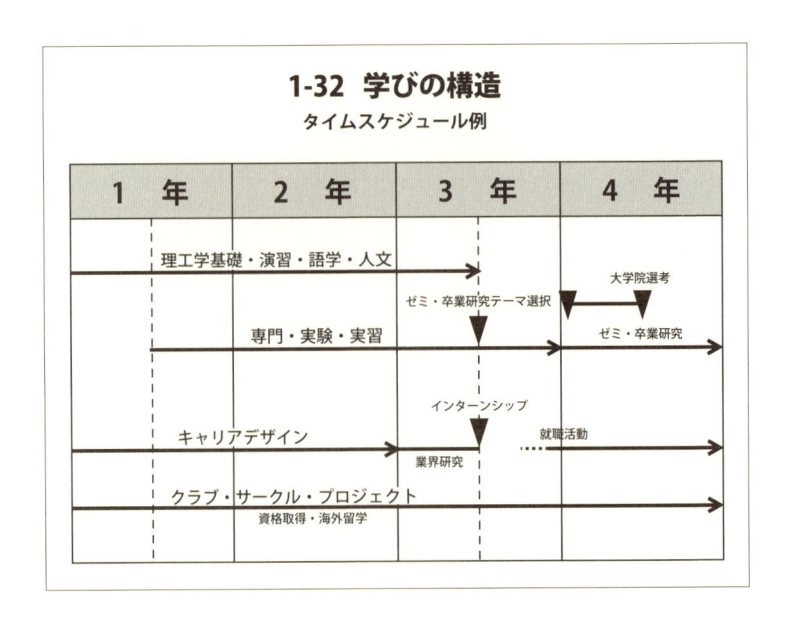

1-32 学びの構造
タイムスケジュール例

1年	2年	3年	4年
理工学基礎・演習・語学・人文		ゼミ・卒業研究テーマ選択	大学院選考 / ゼミ・卒業研究
	専門・実験・実習	インターンシップ	
キャリアデザイン		業界研究	就職活動
クラブ・サークル・プロジェクト	資格取得・海外留学		

2-6　学びの時期を考える

　技術者として、社会で活躍できるよう大学が策定するディプロマポリシーを充足することが、理工系学部4年間の最大の目標となります。

　それは、①理学・工学の基盤を身につけた技術者、②理学・工学の専門分野の技術を自分のものとし、それらを総合して課題に立ち向かうことのできる実践的技術者、③豊かな人間力を備え自立した技術者、この3点です。専門分野の知識、能力、経験を支柱としてもち、その背景に幅広い理学・工学の知識を理解できること、そして技術者として社会貢献するために発信することのできる人材となることが期待されています。その実現のために1年生から徐々に自らの知識、興味、能力を深め、広げ、強めるため行動することが望ましいといえます。また、特に2年生は、3年生で始まる研究分野の選択、就職か進学かの選択という岐路に向けた行動を個々に始めるときです。専門分野の講義も増えますし、卒業後の技術者としての生き方に大きな影響を与える、重要な学びの時期なのです。

　理工系の学生としての自分を知り、技術者の活躍の場としての社会を知り、自己実現のための夢を作り上げるのがキャリアデザインです。次に考えるべきことは、夢を現実のものに近付けるために、どのように学生生活を送るのかということです。

　大学の理工学部は、4年間で理学・工学の基盤、専門分野の技術を身につけ課題解決できる実践的技術者、そして豊かな人間力を備え自立した技術者を育てることを目標としています。学生は大学が準備した環境、カリキュラムを利用して、成長することが期待されています。その実現のためには、年次を意識して学ぶ必要があり、かつ学ぶべきポイントがあります。

　将来の進路を念頭において、大学の4年間のキャンパスライフをどのように過ごすか、ポイントとなる事柄について少し考えてみましょう。

　4年の学部で卒業し社会に出るか、大学院へ進学した後に社会に出て働くのか、どちらが自分にとって良いのか、将来のキャリアとして、どちらが有利なのかを選択する時があるかと思います。判断は、あくまで自分の価値観、学ぶ環境などによる、皆さんが主体性を発揮することですが、ここでは社会・企業が一般的にどのように学部卒と院卒の学生をみているのかを考えてみます。

❷ 大学で自ら考え、自ら学ぶ力を向上する

まず、院卒の学生のほうが、より高い専門レベルに達しているということは当然ですが、社会・企業にきた皆さんをどのように遇するかという面からは、学部卒は入社後、職業人として多少の育成が必要だと考えられていますが、院卒の学生には職業人としての即戦力を期待します。どちらにせよ、しっかりした専門の知識を基に、経験をふまえた専門職としての知恵を発揮できる素養を持った人を求めています。

次に、学科のなかのゼミ研究室の選択です。大学生活の総仕上げとしての4年生は各ゼミ・研究室で卒業に向けた研究を中心に費やすことになります。つまり、技術者としての専門家の第一歩と言ってもよいでしょう。すなわち、将来、社会で働くための大切な学びといえます。ゼミは担当の各先生の特長をよく理解して、希望するゼミに配属されるべく、1年生から充実した大学生活を計画し、実行するようにしましょう。また前述のインターンシップも重要です。

以上のようなポイントをふまえ、皆さんが社会に出る活動を行なうことになりますが、大学には学科の就職担当教員・就職担当職員・キャリア担当教員などが連携して、きめ細かにフォローする体制があり、自分にふさわしい進路をともに探ります。積極的に活用しましょう。

1-33 大学生活の計画

目標達成に必要な活動計画	1年 前期	1年 後期	2年 前期	2年 後期	3年 前期	3年 後期	4年 前期	4年 後期
大学のキャリア形成支援 他	基礎ゼミ キャリア教育I	基礎ゼミ		キャリア教育II	就職ガイダンス（6月開始） インターンシップ	ゼミ仮配属 就職試験	ゼミ本配属 卒研開始 大学院入試	卒研発表
学習目標（興味分野）（教養・専門科目・ゼミ）								
学内・外での講座受講（講座名）								
部・サークル活動 ボランティア活動 交友関係 等								
インターンシップ OB・OG訪問活動								
免許・資格 情報処理技術者 TOEIC（点） 実用英語技能検定 教員免許状 自動車運転免許 等								
趣味 読書・旅行・スポーツ・ドライブ等								
その他 アルバイト（勤務先）等								

この大切な時期に、大学という恵まれた環境、大学生という恵まれた立場を大いに利用して、生活計画を立て行動することが、夢に一歩近づくための階段を上ることになります。基礎・専門の学びに加え、学内外での活動に積極的に取り組むことで、豊かな人間力を養うことができますし、将来の選択肢を広げることができます。ここで立てた計画は、実践すること、そして節目での確認修正を繰り返していくことで、目標に近づくことができるのです。

memo　大学生活の計画をたててみよう

1-34 夢の実現に向けて業界をみる①

分野	概要
①宇宙	先進国の底堅い伸びと新興国の今後の地球観測衛星利用の拡大。これまでは欧米がほぼ独占。裾野が広い。
②自動車	地球温暖化対策と原油高騰によるエネルギー問題の観点からのエコカー開発、未来型自動車の開発。
③鉄道	鉄道は保守、車輌、軌道、信号制御の総合システム。高速鉄道、地下鉄は世界的規模で拡大する。
④水	上下水道、海水淡水化、工業用水・下水、再利用水。中東、中国、豪州、東南アジアへ高い日本の技術を展開。
⑤ITソリューション	コンピュータの利用方法を提供する技術、様々な技術そして業界が互いに関係し合って成り立つ。
⑥海洋	洋上風力発電、海底パイプライン・トンネル、メガフロート、海洋資源開発。中韓、欧州の競合国との競り合い。
⑦太陽電池	各国政府の導入補助で世界的規模で需要が拡大。ドイツ、イタリア、日本での期待。コストダウン競争。
⑧スマートグリッド	情報通信技術を使った高度な次世代電力インフラ。関連市場が大きく成長期待が大。

2-7 夢の実現に向けて業界をみる

　さて、いよいよ皆さんはこれから夢に向かって歩み、目標に向かって邁進していくわけですが、そのベースになり原動力になるのは、既に述べてきたように学生時代に得ておくべき、専門分野の知識・技能、物の考え方、技術の攻め方・方法論、思考法といった学問に関すること、さらに教養を含め人間力、そのエッセンスである社会人基礎力です。布で例えるなら、前者が布の縦糸、後者が横糸になります。学生時代でのさまざまな学びと活動のなかで、これらの糸をできるだけ太いものにし、布を強くしっかりしたものにしておくことが重要です。このトランポリンの布が、しっかりかつ柔軟であればあるほど、夢に向かって高く飛びだすことができます。

　次に、具体的に夢への踏みだし、第一歩について述べましょう。

- 汚染が進む地球を救うために地球環境問題に関与したい
- 地球を飛びだし宇宙に関する技術に関わりたい
- 後進国のインフラ整備に力を注ぎたい
- 海洋資源開発で新しい資源、エネルギーを開発し、人類に貢献したい

など、高い志、大きい夢です。

1-35 夢の実現に向けて業界をみる②

①宇宙産業

合計78,537億円

- 宇宙機器産業 2,697億円 — 宇宙機器の製造（衛星、ロケット、地上設備等）
- 宇宙利用サービス産業 7,371億円 — 宇宙機器を利用した基盤サービスの提供（通信・放送衛星等の保有・運営）
- 宇宙利用基盤サービスを使うための機器の製造（カーナビ、BS/CS、チューナー等）
- 宇宙利用基盤サービスのユーザーとなる産業（通信・放送、気象情報、資源探査、農林漁業、国土管理等）
- 宇宙関連民生機器産業 36,772億円
- ユーザー産業群 31,696億円

（出典：経済産業省資料）

②自動車産業

クリーンディーゼル自動車領域

- EV領域（市場導入段階）近距離・域内コミュータ
- HV・PHV領域（本格普及段階・市場導入段階）
- FCV領域（研究開発段階）

燃料：電気／ガソリン、軽油、CNG、LPG、バイオ燃料、合成燃料 等／水素

走行距離：長い

スピード進化：大きい

宇宙衛星については、これまで米・欧がほぼ独占であるが、新興国も大きく地球観測衛星利用の拡大が見込まれる。
日本国内の宇宙産業の市場規模は約2,700億円であり、図のように裾野は広い。また、技術は先進的でその波及効果も大きい、いわゆる先端技術である。太陽電池、燃料電池は宇宙開発の派生技術である。

次世代自動車のEV、FCVは動力源の内燃機関が無くなり、地域内でのコミュータとしてのEV、中距離走行のHEV、長距離としてのFCVの棲み分けが考えられる。

　また、もう少し目標を身近に置き、就きたい業界のイメージは持っており、その業界で夢のモノを作りたい、たとえば、言葉だけで自由に操縦できる夢の自動車を作ってみたいと考える人もいるでしょう。また、反対に自分は業界はどこでもよい、携わってみたい製品も特にないが、こんな技術をずっと続けたいとする要素技術分野に夢を持つ人、たとえば、すべての分野でミクロ化が進む時代にあってナノ材料工学に関与して極端に軽く強い宇宙向きの材料の開発をやってみたいと思う人。さらにもっと現実的に、製造業であれば業界を問わない、モノ作りに関与し世の中の人のために技術屋者として生き抜きたいと思う人、自分のやりたい技術・キーテクノロジーを持ってそれに関わる研究を続けていきたいと思う人など、夢や目標はそれぞれです。

　いずれの夢に向かうにも、道筋はいろいろですが、出発点は研究室の選択にあるでしょう。もちろん、研究室で一生が決まると、固く思い込んでしまうほどの決定的なことではありません。しかし、飛びだすための踏み切り板のひとつであることは確かです。理学・工学はサイエンスではありません。エンジニアリングであり、転用が効き、応用が効くものなのです。

　理学・工学の学びの重要な部分を述べます。将来への飛びだしのベクトルを広角に広げ、広い視野を獲得するには、学びの各技術分野においてできるだけ原理、

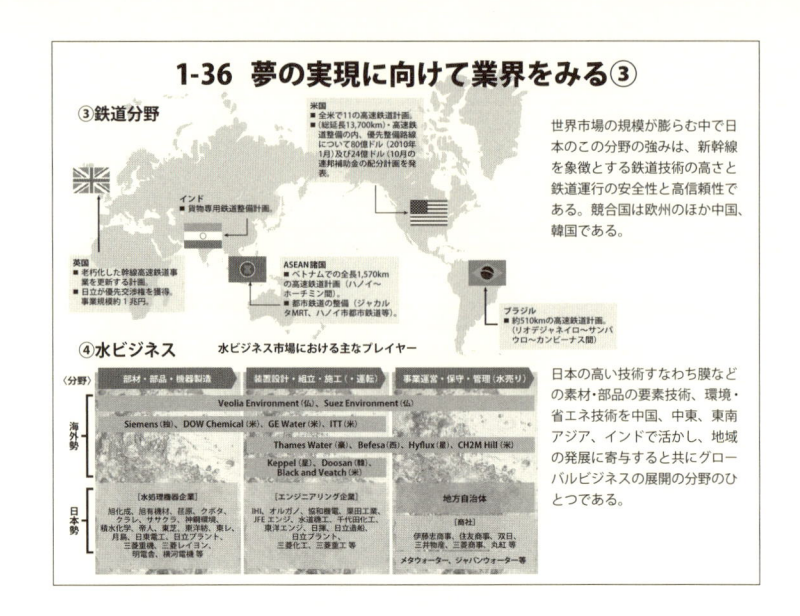

原則、理論を的確につかみ、常に原点を意識して学ぶことです。日本の技術の良さは、サイエンスとエンジニアリングを融合したところにあります。常に学びは原点、本質から見つめるようにし、学習すれば、夢への展開は広角となります。エンジニアリングはサイエンスを応用し、ものづくりへの展開により実用化・商品化を進めるのです。

夢をどう見つけるかを、具体的な例で考えてみましょう。
次の3人は自動車作りに関わりたいという夢を持っています。しかし、その目標や道筋には、それぞれの形があります。

Aさん　将来、自動車作りに関わりたいので、研究室は自動車工学の研究室を選びました。運良く自動車会社に就職できれば、大学時代から一直線に夢に向かっていく、いわばストレート組です。上手く軌道に乗って前進すれば、万々歳の例です。もし、仮に自動車部品メーカに就職した場合でも、自動車作りに関与できる、オーソドックスな進路といえるでしょう。

Bさん　Aさんと同じ夢を持ち、同じ研究室を選びました。運悪く自動車関連の企業には行けず、産業機械を作る企業に入社しました。研究室で学んだ工学の基本は、産業機械作りにも大いに活かせ、夢は変化したが、新たな、さらに

大きな夢へと発展していきました。夢に向かって学生時代に頑張ったことが重要であり、それが生きるのです。多くの人が、Bさんの例に近い形で社会に飛び出すことになるのかも知れません。

Cさん　専門は機械ではなく、デザインで自動車に関わりたいと思う夢をもっていました。自動車は、機械系、電気系だけのものではありません。企業研究をすればわかりますが、自動車作りは、デザインも大きな生命線のひとつです。デザインから自動車作りの夢を実現させることもできるのです。

自分の所属する学科と業界イメージからは一見、関係なさそうに見えるところも、よく調べてみる必要があります。もちろん、研究室と業界との関連も重要です。理工学は、広く基礎的に企業とかかわりがあるのです。

今が、夢に向かって幅広く考えるときなのです。

1-37　夢の実現に向けて業界をみる④

⑤ITソリューション事業

❶パソコンなどのハードウエア開発
電気・電子・機械設計技術者

❷ソフトウエア開発
情報処理技術者

❸通信回線・プロバイダ
通信技術者

❹技術サポート
システム技術者（SE）

● すべての業界において基盤として普遍的に必要
● 将来のスマートシティ実現に向けての基盤事業

ソリューション事業：　必要な要素を組み合わせて総合的に情報通信の課題を解決し要求仕様を実現するビジネス
IT：Information Technology　インターネットに代表される業界

最後に、幅ひろい活躍の場として、IT業界についてまとめておきます。

ITというのは、インフォメーション・テクノロジーの略で、直訳すると情報技術です。ある機能を実現するために、コンピュータの利用方法を提供する技術であり、多くの場合、ネットワークを使った技術を意味します。この分野は、様々な技術、そして業界が、互いに関係し合って成り立っています。

(1) ハードウェア

　たとえば、インターネットを使うためには、まずは端末と呼ばれる機器が必要です。端末には、パソコンや携帯電話、スマートフォンをはじめとして、ゲーム機、テレビなど、端末としての機能をもっているハードウェアがたくさんあります。端末を製造しているパソコン・その他ハードウェア業界が、この事業分野における代表的な業界です。さらに、大量の情報を処理したり蓄えるためのサーバーと呼ばれる大型のコンピュータ、記憶装置なども重要なハードウェアです。

(2) ソフトウェア

　インターネットを利用するためには、Internet Explorer といったブラウザなどのソフトウェアが必要です。適用分野の広がりへの対応、そして情報の効率的活用のために膨大なソフトウェア開発が必要なのです。Windows、Android などオペレーティングシステム (OS) と呼ばれるコンピュータ利用のための基本ソフト、通信の適性な運用のためのソフト、Microsoft 社が提供する各種ソフトやゲームなどユーザーが直接使用するソフトウェアがあります。

(3) 通信回線・プロバイダ

　端末・サーバーを結ぶ役割をしているのが、通信回線です。電話回線、CATVや光ファイバー（FTTH）などが代表的なものです。また、プロバイダは、企業や家庭のコンピュータをインターネットに接続できるようにするサービスを提供します。これも、IT 関連の業界のひとつです。

(4) 技術サポート

　情報通信のソリューションが適性に運用されるように維持管理する、そして環境や状況の変化にともないシステムを改良することが求められます。これに対応するのが、システムエンジニアと呼ばれる技術者です。ハード、ソフト、通信の長期的な活用を実現するためには、欠かせない職種といえます。

　このように、IT ソリューションは、様々な技術、そして業界が互いに関係し合って成り立っているものであり、将来にわたり、多くの専攻分野で学んだ理工系の卒業者の活躍する場として考える、大きな価値があります。

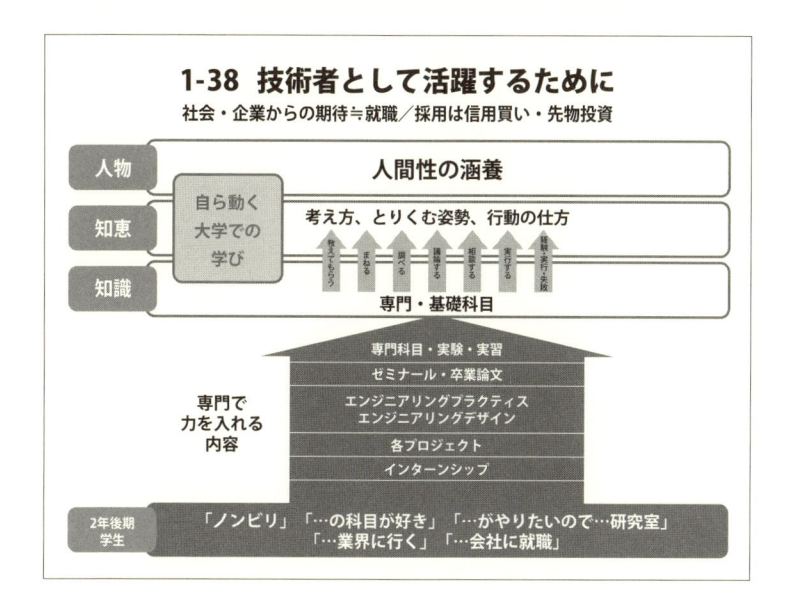

1-38 技術者として活躍するために
社会・企業からの期待≒就職／採用は信用買い・先物投資

人物	自ら動く大学での学び	人間性の涵養
知恵		考え方、とりくむ姿勢、行動の仕方
知識		専門・基礎科目

専門で力を入れる内容：
- 専門科目・実験・実習
- ゼミナール・卒業論文
- エンジニアリングプラクティス／エンジニアリングデザイン
- 各プロジェクト
- インターンシップ

2年後期学生：「ノンビリ」「…の科目が好き」「…がやりたいので…研究室」「…業界に行く」「…会社に就職」

❷大学で自ら考え、自ら学ぶ力を向上する

2-8 技術者として活躍するために

　ここで、皆さんが将来大学を巣立って働く場、社会・企業・官公庁等の立場から、皆さんの大学での学びに期待することを考えてみましょう。これは「自分たちの仲間として働いてもらいたい学生とは」「自社の採用要件とは」と言い換えてもいいでしょう。

　まず大学生の採用時期としては、皆さんが3年生後期から4年生前期が日本ではピークとなります。その時の皆さんは、教養科目・専門科目の修得中で、まだプレゼミ、あるいはゼミに入りたてで、大学での学びの仕上げである卒業論文・卒業制作にはとりかかっていません。言いかえれば、学士・修士として未完成な状態で、社会の入口のドアをノックすることになります。社会・企業の側は、そのことは充分に認識したうえで、皆さんと接触することになります。そして、自社を選んでくれた学生のなかから、将来、立派な仕事をしてくれるであろう人、実務の場でどんどん成長してくれるであろう人に、内定をだします。採用は大学の校風、OBの活躍など、皆さんをとりまく状況は影響しますが、最大の要件は皆さん1人1人の将来への期待値の表れなのです。

　では、どのような人に期待が集まるのでしょうか。大学での教養科目・専門科

目で得る知識だけでは社会実務レベルでは通用しないと言っても過言ではないでしょう。大学のカリキュラムは限られた時間のなかで各専門の基本を学ぶことでいっぱいです。また、学ぶべき基本も毎年増加の傾向にあります。知識レベルは「成績証明書」「卒業見込書」「各大学・各学部・各学科への信頼」で確認することができます。

　では、どうすれば期待され、嘱望される学生となれるのでしょうか。基本となる知識を基として、人間が人間らしく生きていく、活動していく知恵が必要なのです。知識を応用して使い、多くの人たちに役立つものになって初めて知恵となります。しっかりした基本の知識に経験を加え、初めて知恵として凝縮されるともいえます。

　その経験とは、自らが意欲的・積極的・主体的に取り組んだものであれば、成功・失敗を問わないのです。その行動・内容も大学の学びのなかで、自ら動くことによる「調べる」「相談する」「議論する」「教えてもらう」「考察する」「まねる」「実行する」等の日常の学びのなかにある極ありふれたことなのです。

　そのような自ら学ぶ行動の積み重ねが、皆さんの物事に取り組む姿勢・行動の仕方・考え方を養成し、皆さん自身の、技術者として知恵・素養として自然に身につくことになるのです。大学での学びのなかで、そういったことを経験する機会はたくさんあります。専門科目・教養科目・実験・実習・演習・ゼミ等、そしてクラブ活動にもあるのです。

　このような学生生活を送るなかで、皆さんは多くの人々と交わり、そのなかで自分の人間性を高めていくのです。大学でのあらゆる機会を生かし、自ら動く学び、主体的・積極的・意欲的な行動に徹して、実りある大学生活を送ることが社会からの期待にこたえることになるのです。

第2章 自分のアピールポイントを知る

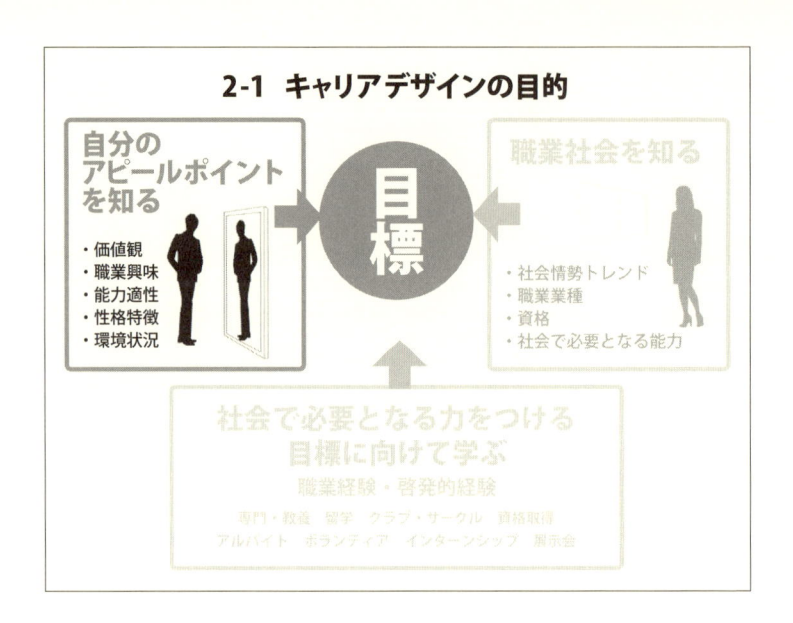

2-1 キャリアデザインの目的

- 自分のアピールポイントを知る
  - ・価値観
  - ・職業興味
  - ・能力適性
  - ・性格特徴
  - ・環境状況

- 目標

- 職業社会を知る
  - ・社会情勢トレンド
  - ・職業業種
  - ・資格
  - ・社会で必要となる能力

- 社会で必要となる力をつける
  目標に向けて学ぶ
  職業経験・啓発的経験
  専門・教養　留学　クラブ・サークル　資格取得
  アルバイト　ボランティア　インターンシップ　展示会

❶自分を知ることの基礎

　変化の激しいこれからの時代は、大海に浮かぶ小舟のように、大波に流されることが多くなるかもしれません。この荒海での不安感を消し去るためには、「人生の主人公は自分である」「自分の人生は自分で決める」といった、自分の人生に責任を持つのだという主体性をもつことが必要です。

　キャリアデザインとは、将来どのような職業に就いて、どのような人生を送りたいのか、そのためには今、何をすればよいのかを、自分自身で考えることです。能力が生かせ、興味ある仕事を主体的に選ぶためには、まず自分自身の選ぶ基準を持つこと、すなわち現在の自分について深く考えてみることが必要です。自分は何ができ、何がしたいか、生かしたい経験・能力・性格はどのようなものか、なぜこの大学を選び、この学部・学科を選択したのかといったようなことです。

　このように、キャリアデザインの第一ステップは、自分を知ることから始まります。次に、なりたい自分（夢）を設定することが、第二ステップになります。どのような仕事に就きたいのか、その業界は、職種は…などですが、より具体的に目標を絞り込んでいく場合は、労働条件、入社後のキャリアルート、必要資格なども調べておく必要がでてきます。

2-2 なりたい自分とは

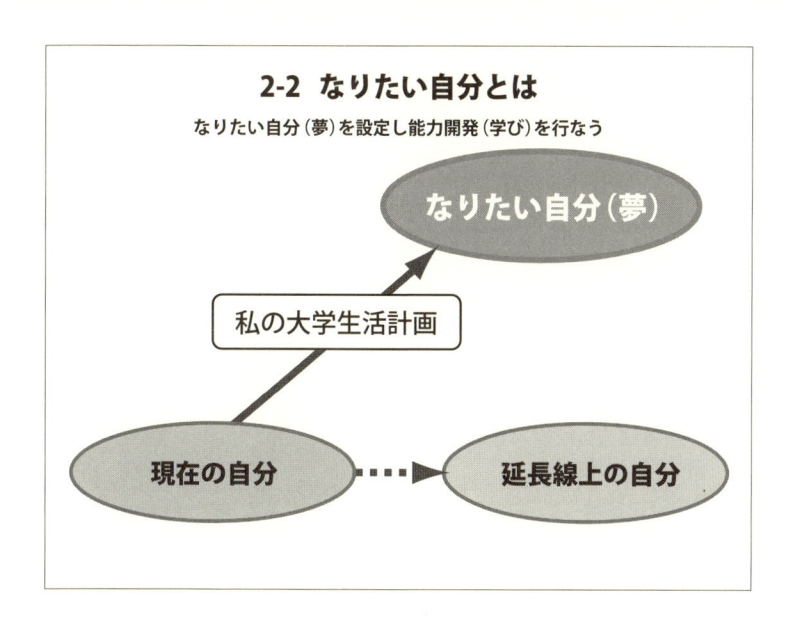

なりたい自分（夢）を設定し能力開発（学び）を行なう

- なりたい自分（夢）
- 現在の自分
- 延長線上の自分
- 私の大学生活計画

　だからと言って、明確な目標が見えていない人は、夢がないからといって決して焦ることはありません。その場合は、仮のものでも良いので目標をセットし、その方向に向かって努力していくことが重要です。努力の過程で、目標は見えてくるものです。

　さて、最後のステップは、その目標実現のために必要となる能力、知識を大学の学びのなかで習得することですが、そのためには大学生活を計画的に送らねばなりません。専門知識や教養など、学問を修得するだけでなく、クラブ活動やPBL（Project Based Learning）活動などの課外活動で、チームで働く力を向上させることが大切です。

　これらのステップを踏まない場合の自らの将来は、現在の自分の単なる延長線上の道でしかないでしょう。

memo

2-3 自分を知ることの基礎

自己分析作業で
・ライフライン（自分史）

他者からのフィードバックで
・ジョハリの窓
・グループワーク

検査データで
・一般職業適性検査（GATB）
・VPI職業興味検査
・Y-G性格検査

自分を知る

1-1 自分のアピールポイントを知る方法

　「自分を知る」とは、自分のアピールポイントが何かを知ることです。自分の得意なこと、不得手なこと、好き嫌い、また何に価値をおくかということを見つけることです。ここでは、その方法について述べます。

　「自分を知る」方法のひとつに、自己分析作業で自分自身をみつめ、理解を深める方法があります。本書では、過去の人生を振り返り、自分にとって影響のあった出来事、影響を受けた人、人生の節目、転機、さらに、その時どのように感じ、行動したかといった過去を整理し、ライフライン（自分史）を描いてみることを紹介します。

　次に、グループワークなどを活用することにより、自分では見えていない自分が、他者によって見出される場合が多くあります。他者が見れば、思っていた自分とは異なる場合があります。他者という鏡に映った自分で、自分を発見しましょう。また、聞くだけ、話すだけ、考えるだけでは、「自分を知る」ことにはなりません。グループワークなどで、自分について聞いて、考えて、話すという繰り返しで自分自身の理解を深めましょう。

　また、客観的なデータを活用する方法もあります。アセスメントツールを使う

方法です。本書では、①職業適性能力をみるための厚生労働省編一般職業適性検査（GATB）、②職業についての興味領域をみるためのVPI職業興味検査、③職業と関連した性格をみるためのY-G性格検査の3種類の方法を紹介します。

データ活用による場合、検査データはひとつの見方での結果であり、絶対的なものでないことに留意しておきましょう。

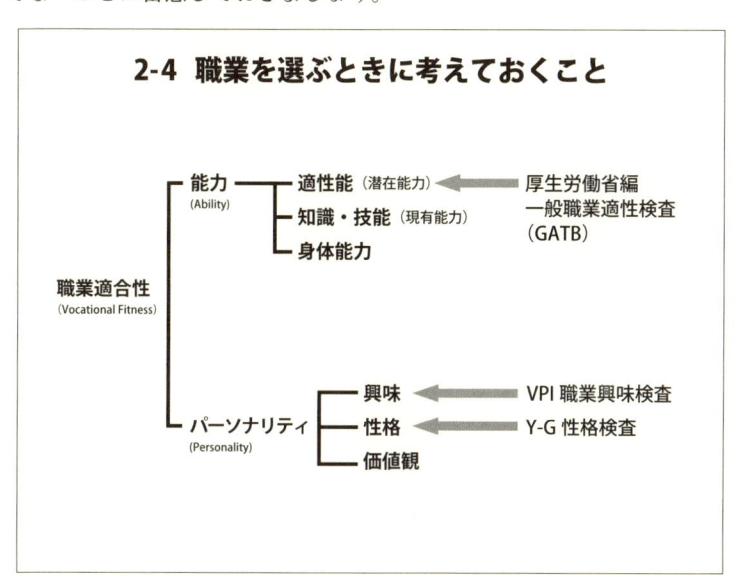

2-4　職業を選ぶときに考えておくこと

```
                    ┌ 能力     ┌ 適性能（潜在能力） ← 厚生労働省編
                    │ (Ability)├ 知識・技能（現有能力）  一般職業適性検査
                    │          └ 身体能力                (GATB)
職業適合性 ─────────┤
(Vocational Fitness)│
                    │ パーソナリティ ┌ 興味 ← VPI職業興味検査
                    └ (Personality) ├ 性格 ← Y-G性格検査
                                    └ 価値観
```

1-2　個性とは

個性をより幅広く、発展的にみていくといったことから、米国のキャリア研究者のドナルド・E・スーパー（Donald E.Super）は職業適合性（Vocational Fitness）を提唱しました。これは、能力（Ability）とパーソナリティに分けられ、パーソナリティはY-G性格検査で測定する性格、価値観、VPI職業興味検査で測定する興味、態度があります。能力的側面も能力適性と技術・資格の2つに分けました。能力適性は、もともと持っている個性としての能力のことで、知能や空間的視覚化、知覚の速さ・正確さなどで、厚生労働省編一般職業適性検査（GATB）で測定できます。

2-5 ライフラインを描く

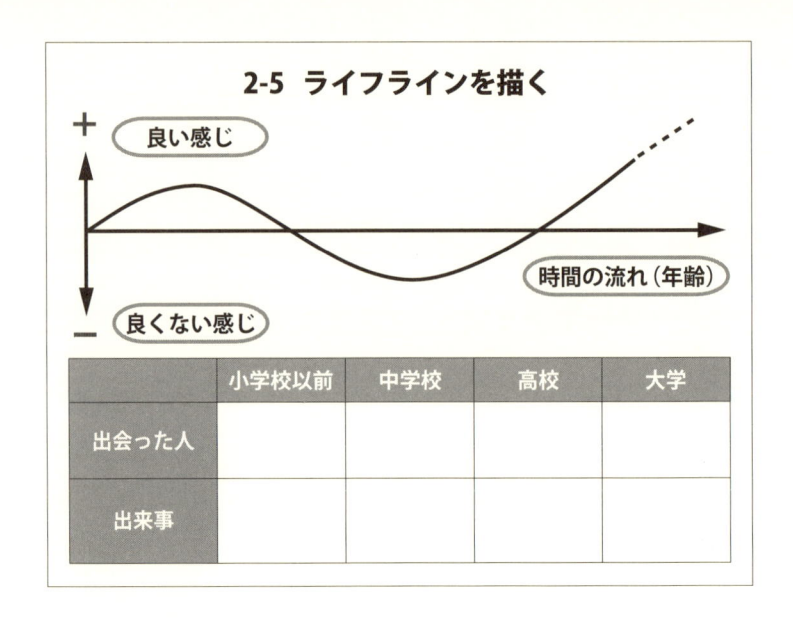

	小学校以前	中学校	高校	大学
出会った人				
出来事				

❷自己分析作業で自分を知る

2-1　ライフライン（自分史）を描く

　自分がどのような人間なのかを見つけるために、過去を振り返る「ライフライン（自分史）」という方法があります。過去を振り返り、影響を受けた人に出会ったか、大きな出来事があったか、自分の人生の転機になったことはないかなど、自分が今までどのように歩んできたかを自分史としてライフラインを作成するのです。このライフライン（自分史）から、自分自身の理解を深めることができます。自分の過去を振り返り知らなかった自分を見つけだし、また新たな自分を作りだすきっかけになることでしょう。

2-6 ライフラインで描くこと

これまでに「出会った人」や「経験した出来事」などから得た「感じ」「考え方」「印象」などをまとめてみよう。

出会った人

あなたがこれまでに出会った人の中で、
印象に残っている人、インパクトを受けた人は誰ですか？

・どんな場面で出会いましたか？
・その時、どんなインパクトを受けましたか？
・その人との出会いが今の自分にとってどんな意味を持っていますか？

出来事

あなたが今までに経験した出来事の中で、
印象に残っている出来事、インパクトを受けた出来事は何ですか？
（愉快な出来事もあれば悲しい出来事もあるかもしれません。家での出来事もあれば学校、近所でのこともあるでしょう。）

・それは、どんな出来事でしたか？
・いつでしたか？
・隣には誰がいましたか？
・どんな事を考えましたか？
・どんなインパクトを受けましたか？
・その事は今のあなたにとってどんな意味があるのでしょう？

　ライフライン（自分史）に描きながら、出会った人、出来事のほかにも、高校までの自分を振り返り、好きな科目、その理由、一番夢中になったこと、友人の思い出、その時の夢、感動した本、映画、イベント、長所、短所、それらに絡むエピソード、趣味、特技などを整理してみるのも良いでしょう。

　また、大学生として、理想としている人、その理由、さらに好きな言葉、10年後の自分のイメージなどを考えることも、「自分を知る」のに大いに役に立つことでしょう。

memo　ライフライン（自分史）を描いてみよう

2-7 価値観を考える

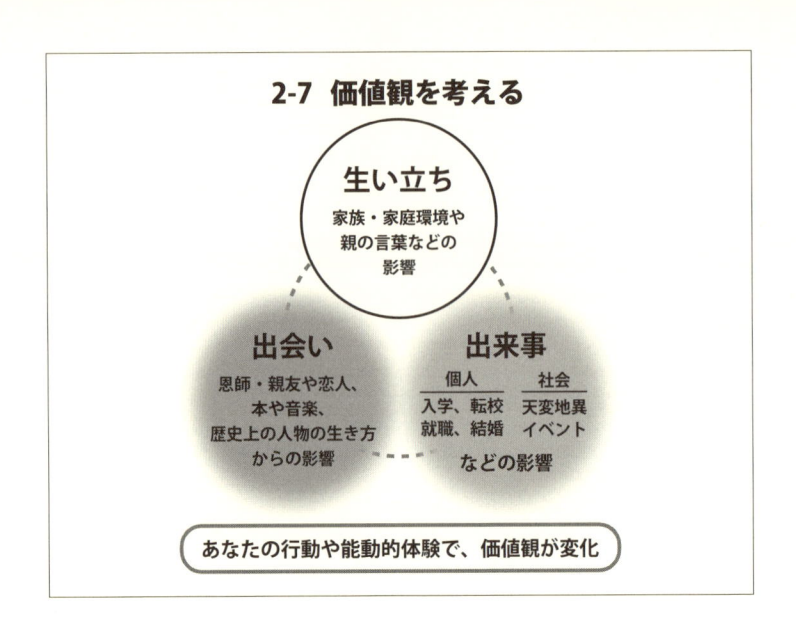

- **生い立ち**：家族・家庭環境や親の言葉などの影響
- **出会い**：恩師・親友や恋人、本や音楽、歴史上の人物の生き方からの影響
- **出来事**：
  - 個人：入学、転校、就職、結婚
  - 社会：天変地異、イベント
  などの影響

あなたの行動や能動的体験で、価値観が変化

2-2 価値観を確認する

(1) ライフライン（自分史）から価値観を確認する

　価値観とは、何が大事で何が大事ではないかという判断、ものごとの優先順位・重み付けのことです。価値観は、様々なことから形成されていきます。同じような境遇で育ったとしても、価値観すべてが同じということはないのです。

　価値観は必ずしも固定されたものではなく、社会や時代、その人の年齢でも変化していくものです。

　個人の価値観は、3つの切り口から影響を受けていると言われています。

①生い立ち…幼少の頃からの家庭環境や家族のなかで育まれた物の見方や考え方などの影響を受けています。たとえば、音楽好きの家庭からはミュージシャンを志す人が多くでます。これは、必ずしも遺伝だけではありません。さらに、両親や親戚の一言が、いつまでも心に残っているといようなこともあります。

②出会い…少年・少女や青年期に多く、学校の恩師やクラブのコーチ・友人、感銘した音楽・絵画、読んだ本やテレビから歴史上の人物の生き方や考え方、海外の人達との交流経験などの影響を受けています。

③出来事…個人としては入学・転校・就職、結婚や失恋など、社会的なことでは戦争・オリンピック・万国博覧会、そして豪雨・地震などの天変地異などの影響を受けています。

価値観は生い立ち、出会い、出来事の中から形成される場合が多く、ライフライン（自分史）の振り返りが大切です。自分自身の転機を思い起こし、現在の自分の価値観を確認してみましょう。

2-8　仕事を選ぶときの14の価値観

価値観	説明
能力の活用	自分のスキルや知識を発揮できる。
達成	良い結果が得られたという実感が持てる。
美的追求	美しいものを見いだしたり、つくりだしたりできる。
愛他性	人の役に立てる。社会のために役立つ。
自律	自律できるか。自分の意見の主張をもち、問題解決できる。
創造性	新しいものや考えを発見したり、デザインできる。
経済的報酬	お金を稼いで、高い水準の暮らしが送れる。
ライフスタイル	人生の目標をもち、望む生き方ができる。
身体的活動	体を動かす機会が持てる。
社会的評価	成果を周囲からきちんと認めてもらえる。
危険挑戦性	リスクを伴う、わくわくするような体験を持てる。
社会的交流	他の人と一緒にグループとして働ける。
多様性	様々な活動に従事できる。
環境	仕事やその他の活動にとって心地よい環境。

（ドナルド・E・スーパー）

(2) 14の価値観から職業観を確認する

ドナルド・E・スーパーは、キャリアにおける「価値観」の重要性を説き、人は、仕事をする職業人として、または他の役割（ライフキャリアレインボー、p.178資料1を参照）を通じて、自分が重要と考える価値観を達成しようとすることを実証しました。そして、人が重要と感じる価値観を、図2-8のような14項目に整理しました。

皆さんは、これらの価値観のどれを重要だと思いますか。働くことは、単に収入を得るためだけでなく、"社会参加""個人の成長"という意味もあります。自分の価値観をしっかりと見つめなおしてください。

2-9 技術者の価値観例

例

- ●スティーブ・ジョブス
  - ・違う考えを持つこと、世界は変えられる、毎日が最後の日

- ●トーマス・エジソン
  - ・天才は1%のひらめきと99%の汗
    → 1%のひらめきがなければ99%の努力が無駄。
    「失敗なんかしちゃいない、うまくいかない方法を700通り見つけただけ」

- ●本田宗一郎
  - ・過去にこだわってはいけない、未来に逃避してはいけない
  - ・体験して知っていることのみ、知っていることだ
  - ・模倣、依存、同調といった精神は人間を根底から破壊する

(3) 技術者の価値観

　ここでは、代表的な技術者の価値観などを参考にしながら、皆さんの仕事を選ぶ価値観について考えてみましょう。価値観には多様性があります。国や地域・文化圏ごとに何らかの傾向があるように、従事している仕事や職種によって、どこか共通の価値観があるようです。皆さんの多くは技術者を目指しているのですから、世界に貢献した代表的技術者の言葉を噛みしめてみましょう。

① スティーブ・ジョブス…1955 年米国生まれ。Apple 社の創設者の一人で、絶対的なカリスマ性を持ち、Macintosh、iPad など数々の革新的な製品を世に送りだしてきました。

② トーマス・エジソン… 1847 年米国生まれ。生涯に白熱電球や蓄音機など、約 1,300 もの発明を行なった発明家で起業家。発明王とも呼ばれ、好奇心は幼少時代から旺盛だったと言われています。

③ 本田宗一郎…1906 年浜松生まれ。革新的な自動二輪車・自動車を作る本田技研工業㈱の創始者。レースにも力を入れ、世界の HONDA に育て上げました。

　3 人に共通する価値観は、技術の独創性と飽くなき探求心でしょうか。いろいろ想いはあるでしょうが、皆さんはどう感じましたか？

2-10 価値観の多様性を理解する

1. 自分の価値観を認めると
   ↓
2. 他人の価値観も認められ
   ↓
3. 価値観の多様性を認めることができ
   ↓
4. 人それぞれの価値観を尊重できる

(4) 個性の多様性を理解する

　これまで述べたように、社会や人の価値観には多くの種類があり優先順位も様々です。価値観は、国や地域・文化圏ごとに何らかの傾向があると言われていますが、同一国・地域でも時代とともに変遷していきます。

　同じ価値観を抱く人同士では、そうでない人同士に比べて、互いの行動が理解しやすかったり、共同作業がしやすく、接近する傾向があると言われていますが、グローバル化する社会へ船出しようとする皆さんは、価値観の多様性を理解しておくことが必要です。

　それには、まず自分の価値観を素直に認めることで、これができれば、人それぞれの人生ですから、当然、他の人の価値観も認めるようになります。そうなると、行動として現れる個性の多様性を認め、そして理解することができるのです。

　価値観の多様性を理解することが、社会人として要求されるチームワーク力の一つの源となります。自分も他人も認めることは、互いが補完しあって相乗作用を生みます。行動を習慣化していけば、価値観も変わっていきます。

2-11 子どもはみんな違うんだ

覚えておこう
子どもは、成長の設計図を持っている
子どもは、その子の速さで伸びる
子どもは、その子の時間で育つ
子どもは、その子の図案で実る
子どもは、その子の歩幅で学ぶ
子どもは、その子の資質で生きる
子どもは、その子の頭で考える
子どもは、その子自身の人生の約束を果たす
子どもはみんな違うんだ
子どもを励まそう
自分を大事にするように
人との違いを生かすように
全力でぶつかるように
よい実を結ぶように
愛の心を感じるように
この世の違いを認められるように
命を救うように
確かな未来をつかむように
忘れないでほしい
その子は、みんな違う
そんな子どもがいるから
この世にすばらしい
違いが生まれる

（ドルシー・ロー・ノルト、石井千春・武者小路実昭：訳『子どもが育つ魔法の言葉』より）

図2-11の詩は、個性の必然性、さらにその素晴らしさを詠ったものです。個性を見出し、育んで欲しい。また、お互いの個性を認め合い、伸ばしあう良い仲間をたくさん作っていきましょう。この詩の「子ども」を、皆さん自身に置き換えて、じっくりと味わってみてください。

◆コーヒーブレイク◆ 日本の理数離れ

図は、一般市民の科学技術に対しての関心度合いを、世界各国で比較したものです。日本人の中には、"科学・技術する心"を備えた人が、他国に比べて極端に少ないことがわかります。日本は、古くから科学技術を工業化に最大限に活用し、成果をあげてきた国で、現代もあらゆる面で科学技術の恩恵を受けています。しかし、経済的に豊かになった最近では、日本経済を救う企業競争力の根幹は技術にあるという認識に欠けている人が少

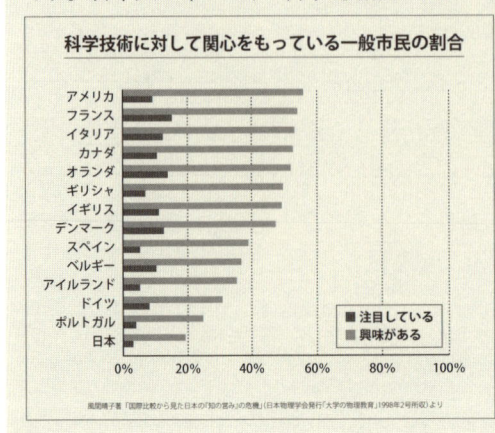

なからずいるということのあらわれかもしれません。

理科、数学の意識調査の国際比較

	理科を「大好き」または「好き」と答えた生徒の割合	数学を「大好き」または「好き」と答えた生徒の割合
シンガポール	86	79
イギリス	83	77
米国	73	69
韓国	52	54
日本	55	48

(単位：%)

(注) 国立教育政策研究所編『数学教育・理科教育の国際比較―第3回国際数学・理科教育調査の第二段階調査報告書』に基づき、科学技術政策研究所が作成
出所：文部科学省『科学技術指標』2004年版

　理科と数学が好きな学生の割合の、国際比較調査結果から考えてみます。大人の科学技術への関心の低さに符号するように、最近では、子供の理数離れが進行しています。表は、理科、数学に対する子供の意識調査で国際的に比較したものです。残念ながら、日本は理数が面白いと思う生徒の割合が、国際的にみて低いレベルにあるのです。

　"理科が好き"と"将来、科学技術に関与する仕事に就きたい"とは相関関係にありますが、科学を使う仕事をしたいとする生徒の割合の低さが、日本において顕著であると言えます。少子高齢化、人口減少に加えて、若者の理数離れが進むことは、将来を担う研究・技術の人材が質的にも量的にも不足することになり、企業競争力の弱体化につながる可能性のある非常事態だといえます。

　このような状況のもと、理工系で学ぶ皆さんは、貴重な技術者となることを期待されています。したがって、力を発揮できるよい職場を見つけて活躍することは、社会的にも大切なことなのです。

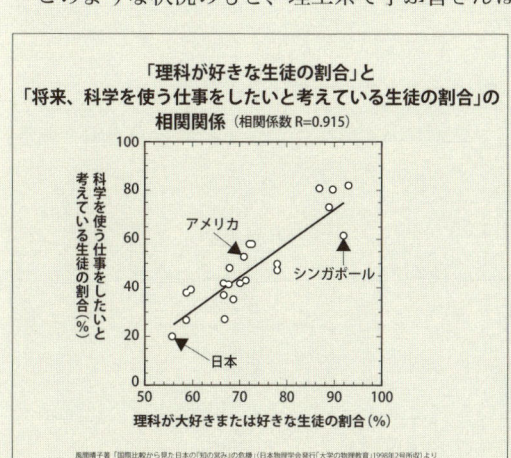

「理科が好きな生徒の割合」と「将来、科学を使う仕事をしたいと考えている生徒の割合」の相関関係 (相関係数 R=0.915)

馬間晴子著「国際比較から見た日本の『知の歪み』の危機」(日本物理学会発行「大学の物理教育」1998年2号所収) より

❷自己分析作業で自分を知る

```
┌─────────────────────────────────────────────────┐
│           2-12  グループワークの進め方           │
│                                                 │
│  S   1. 役割を決める（リーダー、書記、タイムキーパー）│
│  t   2. 自分の意見を考える                       │
│  e   3. 時間配分を決める（記入、発表、討議、まとめ）│
│  p   4. 個人の意見をそれぞれ述べる               │
│  ▼   5. グループの意見を全員でまとめる           │
│                                                 │
│       グループワーク・アクティブラーニングでは   │
│       ┌─────────────────────────┐               │
│       │    講義を聴くだけでなく  │               │
│       └─────────────────────────┘               │
│      ・自分の意見を考え、発表する               │
│      ・他の人の意見を 聴く                       │
│      ・グループの意見として、まとめ発表する     │
│      ・就職活動時の「グループディスカッション」、│
│       実社会での「グループワーク」へ直結        │
└─────────────────────────────────────────────────┘
```

❸他者からのフィードバックを受け、自分を知る

3-1　グループワークの進め方

　他者からのフィードバックを受けるには、グループワークが有効です。グループワークの進め方のステップは図2-12のようになります。まずグループメンバーのなかで役割を決めます。リーダーは議論がテーマからずれないようリードすること、そして可能な限りメンバー全員の意見を集約できるよう、発言を促すことが最大の役割です。そして書記とタイムキーパーを決めます。

　次に全メンバーはそれぞれ自分の意見を簡潔に整理します。自分の主張を他のメンバーに伝えるための準備です。その後グループでの討論に入り、他のメンバーの意見をしっかり聞き、そのうえでグループの意見としてまとめるのです。メンバーの意見を記録しまとめることが書記の役割です。このまとめについては最後にメンバー各人に確認することも大切です。また決められた時間を効率的に使い制限内にまとめにつなぐことも求められます。議論の進み方にあわせて時間の管理をし進行をコントロールするのがタイムキーパーです。そして最後に全員でまとめたグループの結論を書記が発表します。

2-13　グループワーク 例
テーマ例　「社会人とは？」

30分	① 自分の意見を整理
	② 各人が発表
	③ グループで討議・まとめ
1グループ 1〜2分	④ グループの結論を発表

　この流れのなかで考え、議論し、発表するという経験をするのです。参加するときには自分の意見を整理し、発表し、理解してもらうこと、またそれ以上に大切な「人の話を聴くこと」を意識していることが重要です。最後に全員の前での発表も経験してもらいます。これは就職後のチーム活動の模擬的な経験としても役立ちます。

memo

2-14 ジョハリの窓

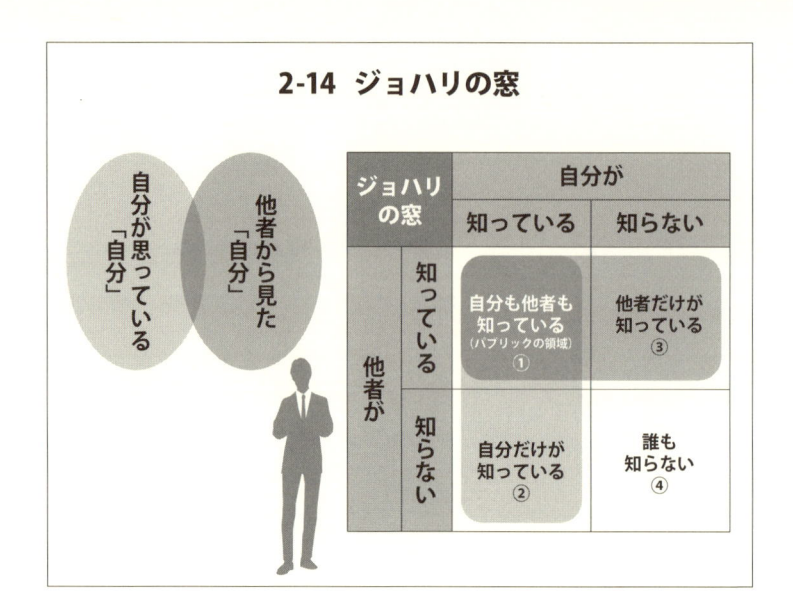

ジョハリの窓		自分が	
		知っている	知らない
他者が	知っている	自分も他者も知っている（パブリックの領域）①	他者だけが知っている ③
	知らない	自分だけが知っている ②	誰も知らない ④

自分が思っている「自分」
他者から見た「自分」

3-2 ジョハリの窓

「ジョハリの窓」という考え方で、グループワークの意義を説明することができます。ジョハリの窓とは、1955年夏に米国サンフランシスコ州立大学の心理学者ジョセフ・ルフト（Joseph Luft）とハリー・インガム（Harry Ingham）が発表した「対人関係における気づきのグラフモデル」のことをいいます。

自己には、「①自分も他者も知っている自分」と「②自分だけが知っている自分」があると共に、「③他者だけが知っている自分」や「④誰も知らない自分」もあると考えられます。この4つの自己を、4つの四角の枠で表現します。この格子は固定されていなくて移動すると考えると、「②自分だけが知っている」が小さくなり、「①自分も他者も知っている自分」が大きくなれば、自己開示が進んでいるととることができます。

グループワークを通して議論することで、他者からのフィードバックをうけ、「③他者だけが知っている自分」についての理解が深まる可能性があります。

❹ 検査データで自分を知る

　ここでは、データ活用による自己理解について、その考え方を紹介します。

　自分は何に向いているのか、やりたいことがわからない、将来が不安、「なりたい自分」も「やりたい仕事」も曖昧なままフリーターとなったりする人が増えています。なるべく早い時期に準備してを職業意識を育んでおけば、きっと明日への扉は開かれます。職業適性検査をはじめとするキャリア教育のためのアセスメント・ツールは、個人の心理的な特性をとらえようとするだけでなく、検査結果から自分に適した職業の探索を進めることができ、自己理解と職業理解を図ることに役立ちます。

　これらのツールは、
① 理論的枠組みに基づく
② 標準化され、客観的な評価ができる
③ 職業とのマッチングができる

などの特徴があります。

　本書ではまず、自分の得手不得手を確認し、職業的視野を広げるための厚生労働省編一般職業適性検査(GATB)を紹介します。さらに自分の職業興味と性格特徴の傾向を客観的に知るためのVPI職業興味検査とY-G性格検査を紹介します。

　職場は、自分の個性を発揮する場所であり、自分の能力が生かせるような仕事とのマッチングができれば最高の喜びであり、働くことが生きがいになります。自分と仕事のマッチングには相性が大切で、この相性を適性検査で大掴みに客観的にみることができます。

4-1　職業適性を知る〔一般職業適性検査（GATB）〕

　厚生労働省編一般職業適性検査（GATB）では9つの適性能が測定されますが、これらはいろいろな職業分野で仕事をするうえで必要とされる代表的な能力です。それは、「その職業につくための訓練や教育を受け、必要な経験を積んでいったとき、先々その職業でうまくやっていくことができるかどうかという潜在的な能力」です。

　厚生労働省編一般職業適性検査(GATB)は、米国労働省によって開発されたGen-

2-15 職業適性を知る
「一般職業適性検査GATB」

測定する9つの能力
主に流動性能力（20歳前後がピークで、年齢とともに低下する）

| 認知機能 | 知的 G・言語 V・数理 N・書記 Q |
| | 言葉、数字などで表現された物事を理解する働き |

| 知覚機能 | 空間 S・形態 P |
| | 平面図や立体図など図や造形物を理解する働き |

| 運動機能 | 共応 K・指先 F・手腕 M |
| | 指や手腕を動かし、物を素早く正確に取り扱う働き |

eral Aptitude Test Battery（GATB）を基に日本で開発され、若年者の職業指導・進路指導のための検査として広く活用されています。GATBは職業適性に対する理解を深めるとともに、職業自体への理解をも深め、目前の職業選択決定のための利用、そして職業的発達の促進にとどまらず、将来の職業探索を行なう場合にも有効に活用できます。大学での実施時期としては、2学年後期、検査内容としては、紙筆検査が適当です。

本検査は、11種の紙筆検査と4種の器具検査の計15種の下位検査により、9種の適性能の測定をします。そして、職業に対する興味類型を考慮して設定された13の職業領域に、40の適性職業群が位置づけされています。

◎ GATBの構成・内容

下位検査の構成は、紙筆検査と器具検査があります。

①紙筆検査

　検査1　円打点検査（○の中に点を打つ検査）

　検査2　記号記入検査（記号＋＋を記入する検査）

　検査3　形態照合検査（形と大きさの同じ図形を探し出す検査）

　検査4　名詞比較検査（文字・数字の違いを見つける検査）

　検査5　図柄照合検査（同じ図柄を見つけ出す検査）

2-16 GATBの適性能別下位検査ウェイティング

機能	適性能	下位検査ウェイティング		
認知機能	G-知的能力	立体図判断(25)	文章完成(40)	算数応用(35)
認知機能	V-言語能力	語彙(60)	文章完成(40)	
認知機能	N-数理能力	計算(60)	算数応用(40)	
認知機能	Q-書記的知覚	名詞比較(100)		
知覚機能	S-空間判断力	平面図判断(60)	立体図判断(40)	
知覚機能	P-形態知覚	形態照合(50)	図柄照合(50)	
運動機能	K-運動共応	円打点(50)	記号記入(50)	
運動機能	F-指先の器用さ	組み合わせ(50)	分解(50)	
運動機能	M-手腕の器用さ	さし込み(20)	さし替え(80)	

検査6　平面図判断検査（置き方を変えた図形を見つけ出す検査）

検査7　計算検査（加減乗除の計算を行う検査）

検査8　語彙検査（同意語かまたは反意語を見つけ出す検査）

検査9　立体図判断検査（展開図で表された立体形を探し出す検査）

検査10　文章完成検査（文章を完成する検査）

検査11　算数応用検査（応用問題を解く検査）

②器具検査

　器具検査1　さし込み検査（棒（ペグ）をさし込む検査）

　器具検査2　さし替え検査（棒（ペグ）を上下逆にさし替える検査）

　器具検査3　組み合わせ検査（丸びょうと座金を組み合わせる検査）

　器具検査4　分解検査（丸びょうと座金を分解する検査）

以上の下位検査を、9つの適性能別にウェイティング（重みづけ）したものが、図2-16です。下位検査と測定される適性能との関連が示されています。

◎ GATBで何がわかるのか？

〈測定される適性能〉

　G-知的能力（General Intelligence）：情報を取り入れて、頭の中で加工して新しい情報を生みだす力であり、情報を整理して犯人を見つけだす推理小説を読

2-17 GATBで測定される9つの適性能（潜在能力）

機能	適性能	内容	作業の例
認知機能	G-知的能力	一般的理解力、推理、判断力、応用力	状況を分析判断する、工夫したり、新しいアイデアを出す
認知機能	V-言語能力	言語的な理解力、文章読解、表現力	文章を読み書きする、言葉で伝達したり、説明を理解する
認知機能	N-数理能力	数的な処理能力、計算力、数的推理力	各種計算、集計作業、数量管理・分析、金銭管理などを行なう
知覚機能	Q-書記的知覚	文字、記号などデジタルデータの比較弁別、一般的な注意力	印刷物の校正、帳簿の記載やチェック、表の作成作業などを行なう
知覚機能	S-空間判断力	立体的、構造的な理解力、図面から実物をイメージする力	設計図を理解したり作成する、造形的な作業を行なう
知覚機能	P-形態知覚	形、図形などイメージデータの比較弁別力	裁断、切断、切削、取付け、貼付け、接合、組立等の作業を行なう
運動機能	K-運動共応	目と手の共応、迅速で正確な動作を行なうコントロール力	キーボードの操作、素早い繰返し作業を行なう
運動機能	F-指先の器用さ	指先の巧緻性、細かい物を正確に扱う能力	精密作業、小さい物を指先で取り扱う作業を行なう
運動機能	M-手腕の器用さ	腕や手首を使って物を巧みに扱う能力	ハンドルやレバーを操作する作業、道具を巧みに扱う作業を行なう

むときに使われる推理力のことです。人を相手にする仕事は、臨機応変に対応する能力が必要であるため、この能力が高い場合には、販売・サービスなど対人的な仕事や調査・研究、企画・開発、営業、教育・福祉などが適性職業としてあげられます。

V-言語能力（Verbal Aptitude）：文章を読んだり書いたりする能力で、著述・編集、報道、広告・宣伝、営業、教育・福祉、法務関係など、難しい文章を理解する仕事や対話を中心とする対人的な仕事に必要とされます。

N-数理能力（Numerical Aptitude）：計算を正確に速く行なうとともに、数的推理力といった応用問題を推理して解く能力のことです。計算を中心とした技術的な仕事や数的な推理力を使う仕事で、調査・研究、工学技術、測定・分析、情報処理、経理・会計、商品管理やコンピュータ関係の仕事などに必要とされます。

Q-書記的知覚（Clerical Perception）：文字や記号の比較分別力で、一般的な注意力もこれに含まれます。この能力が必要な作業としては、印刷物の校正、帳簿の記載やチェック、表の作成などがあげられ、職業としては、事務全般や巡回してあるべきところにあるべき物があるか、鍵がかかっているかをチェックする警備・保安、運転・監視などや看護、対個人サービスなど、注意力、気配りの必要な職業があげられます。

S- 空間判断力（Spatial Perception）：立体的、構造的に物を判断する能力で、設計図を理解したり造形的な仕事に必要とされます。この能力が必要な作業としては、工学技術、製図、情報処理、デザイン美術、建設工事、熟練技能などがあげられ、大工の仕事や立体的にきれいに盛りつける調理師、図面を見てそのとおりに作る旋盤などの熟練技能、プログラムとプログラムの関係を構造的に理解するシステム・エンジニアなどの職業があります。

P- 形態知覚（Form Perception）：書記的知覚と同じ知覚（Perception）であり、形、図形などのイメージデータの比較分別力のことで、裁断、切断、切除、貼付け、取付け、接合、組立などの作業に必要とされます。形態知覚の優れている人はジグソーパズルの組立が早く、形や図柄を見て素早く見つけだすことができます。

K- 運動共応（Motor Coordination）：目と手の共応で迅速に正確な動作を行なうコントロール力のことで、キーボードの操作など素早い繰返し作業を行なうOA機器オペレータ、簡易事務、機械操作、加工・組立などに必要とされます。

F- 指先の器用さ（Finger Dexterity）：器具検査でみます。指先の巧緻性、細かい物を正確に扱う能力のことで、加工・組立、美術・工芸や小さな物の機械操作など精密作業に必要とされます。

M- 手腕の器用さ（Mutual Dexterity）：腕や手首を使って物を巧みに扱う能力のことで、ハンドルやレバーを操作したり、道具を巧みに扱う作業に必要とされます。手腕の器用さが優れている人はレバーとかハンドルがいっぱい付いているブルドーザやクレーンなどの建築機械をうまく操作することができます。この能力が高い場合には、ハサミや櫛、鍋、釜、包丁などを巧みに扱う散髪や調理の仕事や大工などのように道具をうまく使う仕事が適性職業としてあげられます。

◎ GATBの活用上の留意点

　GATB検査によって導き出した「職業」はあくまで職業選択決定の参考としてください。GATB検査では創造力・芸術的センスは測定できません。また、慎重な人・綿密な人は得点が伸びないこともあることに留意してください。

　一般職業適性検査（GATB）とは、「自分の得手・不得手の確認をする」「職業的視野を広げる」ものであり、測定するのは皆さんの潜在能力で、それは流動的であ

り、学習や訓練によりできるようになるものであると理解してください。そして、自分の仕事ができる能力を伸ばすこと、自分の能力でできる職業をめざし、大学の学びの中で自分の職業適性を育てることを意識し注力してください。職業的成功は、性格・興味・意欲などの個人的特性や、社会動向、業界・会社・組織の盛衰、雇用環境そして、めぐりあわせ、運などの多くの要因に影響を受けることになります。まずは、日々の学生生活での自分の夢や目標に向かっての行動を積み重ねることを第一として、社会での自分が希望とする職業をめざしてください。

※以上、参考文献:本間啓二・金屋光彦・山本公子『改訂 キャリアデザイン概論』社団法人雇用問題研究会

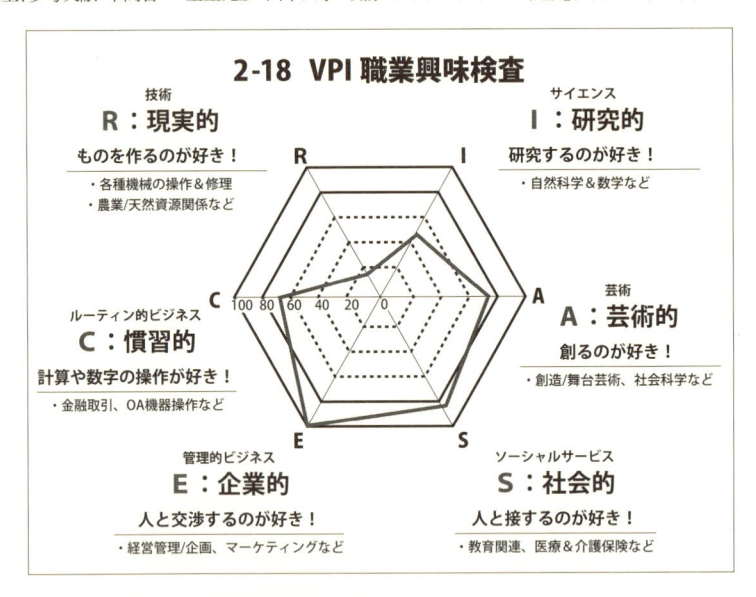

2-18 VPI 職業興味検査

技術
R：現実的
ものを作るのが好き！
・各種機械の操作＆修理
・農業/天然資源関係など

サイエンス
I：研究的
研究するのが好き！
・自然科学＆数学など

ルーティン的ビジネス
C：慣習的
計算や数字の操作が好き！
・金融取引、OA機器操作など

芸術
A：芸術的
創るのが好き！
・創造/舞台芸術、社会科学など

管理的ビジネス
E：企業的
人と交渉するのが好き！
・経営管理/企画、マーケティングなど

ソーシャルサービス
S：社会的
人と接するのが好き！
・教育関連、医療＆介護保険など

4-2 職業興味を知る〔VPI 職業興味検査〕

　VPI 職業興味検査は、米国の心理学者であるジョン・L・ホランド（Holland, J. L.）の職業選択理論に基づいて作られたものです。ホランドは個人の性格的特性とその個人を満足させる学科、職業、労働環境、余暇活動との関係を分析して、「職業興味」をパーソナリティーの側面として「VPI 職業興味検査」を開発し、「広角形モデル」を提示しています。VPI 職業興味検査は、160 の具体的な職業に対する興味・関心の有無を回答することにより、6 種の職業興味領域に対する個人の興味・関心の強さを測定するとともに、個人の心理的傾向を 5 領域について把握しようとするものです。

◎VPI職業興味検査で何がわかるか？

〈興味領域尺度〉

①R尺度〔Realistic Scale　現実的興味領域〕

　機械や物を対象とする、具体的で実際的な仕事や活動に対する好みや関心の強さ。

②I尺度〔Investigative Scale　研究的興味領域〕

　研究や調査などのような、研究的、探索的な仕事に対する好みや関心の強さ。

③A尺度〔Artistic Scale　芸術的興味領域〕

　音楽、美術、文芸など、芸術的領域での仕事に対する好みや関心の強さ。

④S尺度〔Social Scale　社会的興味領域〕

　人に接したり、奉仕したりする仕事や活動に対する好みや関心の強さ。

⑤E尺度〔Enterprising Scale　企業的興味領域〕

　企画や組織運営、経営のような、仕事や活動に対する好みや関心の強さ。

⑥C尺度〔Conventional Scale　慣習的興味領域〕

　定まった方式や規則に従って行動するような、仕事や活動に対する好みや関心の強さ。

2-19　VPIの6つの基本的性格

❶現実的	R：Realistic	道具、物、機械、電気、動物などを扱うことを好む。<u>実践的</u>
❷研究的	I：Investigative	生物学や物理学関係の活動を好む。<u>好奇心が強く研究肌で自立的</u>
❸芸術的	A：Artistic	慣習にとらわれず創造的な活動を好む。<u>創造的で発想が自由</u>
❹社会的	S：Social	人に伝える、教える、手助けすることなどに関する活動を好む。<u>人の助けになり友好的</u>
❺企業的	E：Enterprising	他人を導いたり、他人に影響を与えられる活動を好む。<u>野心的、外交的、精力的で自信家</u>
❻慣習的	C：Conventional	情報を明確に秩序立てて整理できる活動を好む。<u>責任感があり、信頼でき緻密</u>

　図2-19は、ホランドの興味領域尺度に具体例を入れて解説したものです。下線を引いた解説に、自分自身の性格を照らし、また具体例から、職業興味はいずれのものかを調べてみましょう。

◆コーヒーブレイク◆ こんな場面を考えてみよう

　職業興味を知る時の6つの基本的性格をRIASECと呼びます。こんな場面で考えてみましょう。

> **運動会を企画しています。あなたはどの係を選びますか？**
> ［理由もつけて第三希望まで選んでください。］
>
> - 大玉ころがしや玉入れなどの道具をつくる係　　・・・Realistic（現実的）
> - 去年までの競技や音楽を調べる係　　・・・Investigative（研究的）
> - 飾りつけ、BGM、ポスターのデザインや音楽、文章をつくる係　・・・Artistic（芸術的）
> - 来客やけがした人の世話をする係　　・・・Social（社会的）
> - お金集めや集客の方法、大会プログラムを考え実行する係　・・・Enterprising（企業的）
> - 出欠名簿、準備道具チェックリストなど定型的な書類をつくる係　・・・Conventional（慣習的）
>
> **「なぜ選んだのか」「何がおもしろいのか」**
>
> （出所：私のしごと館資料 H16 から編者が作成）

4-3　性格特徴を知る〔Y-G性格検査〕

　Y-G性格検査は、米国南カリフォルニア大学心理学教授J.P.ギルフォードが考案したギルフォード性格検査をモデルとして、京都大学で矢田部達郎教授らがテスト項目の選定、標準化、妥当化、実用化を行なった6因子12尺度によって性格特性を明らかにする性格検査です。中学生・高校生・一般成人用は120問で、性格を12の特性によってプロフィール化することで、個人の性格特徴を視覚的に把握できます。

◎Y-G性格検査で、何がわかるか？

(1) 行動傾向が、外向的か内向的か。

　　人が好きで広く交わり、会話などに好んで参加し、世話役などを進んで引き受ける。また、積極的で、気軽で、活動的で、てきぱきと物事をこなすといった特性がわかる。

2-20 性格特徴を知る：Y-G 性格検査

Y-G 性格検査
- 対象：中学校用・高校用・一般用
- 120 の質問に「はい」「いいえ」等での回答
- 12 特性尺度：抑うつ性、回帰性、劣等感、神経質、主観的、非協調的、攻撃的、一般的活動性、のんきさ、思考的外向、支配性、社会的外向
- プロフィールから 15 類型で性格特徴を把握
- 検査結果を、職業適性や集団での役割と関連づけて考察することもできる。

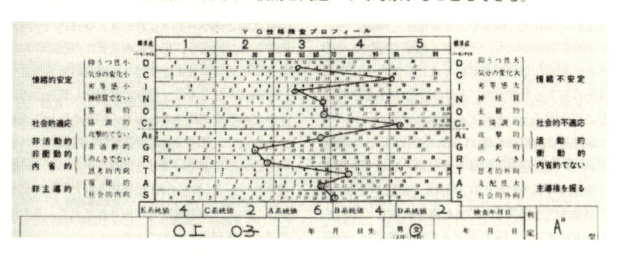

(2) 情緒が、安定的か、不安定的か。

抑うつ感情を経験しやすいか、気分が変わりやすいか、劣等感情を抱きやすいか、心配性か、自分の感情や経験だけで物事を認識しやすいか、不信感・不満感が強いか、といった情緒性に関する特徴がわかる。

(3) 人間関係に関する特性。

社交的で、人と広くつきあったり、誰とでもよく話したり、気軽に人と接することができるか、あるいは、人との関係において気分が変わりやすいか、劣等感を持ちやすいか、感受性がどうか、人のことを自分の経験や感情だけで判断してしまうか、人に対して不信感や不満感を持ちやすいか、といった対人的な行動の特徴がわかる。

(4) 仕事ぶりに関する特性。

自信をもって仕事をてきぱきと行なう、困難な事柄にも積極的に取り組む、また、よく考え、計画的に物事に取り組む、勤勉さなどについてもわかる。

(5) リーダー的性格。

リーダーに適した性格かどうかがわかる。

(6) 集団や社会的な場面での適応性。

基本的な情緒不安定性に根差した主観的傾向や、不信感、不満感の解決法としての攻撃的行動の生じやすさから、集団や社会的な場面における適応性がわかる。

2-21 Y-G性格検査　短所のリフレーミング

これはリフレーミングの一例です。皆さんでよりふさわしいリフレーミングの表現を見つけだしてください。

短所と思っているところ	リフレーミングした言葉の例
協調性の乏しい	マイペースな、独自性のある、適度な警戒心のある
主観的な	信念が強い（理想主義的な）、直観力のある、想像力のある
粘りの乏しい（耐久性の乏しい）	あっさりした、さっぱりした
気持ちが内向きの（思考的内向）	思慮深い、熟慮的な、計画的な
社交性の乏しい（社会性の乏しい）	独自性のある、落ち着いた
共感性の乏しい	人の気持ちに振り回されない
劣等感の強い	向上心のある
神経質な	几帳面な、よく気のつく、感受性の豊かな
柔軟性の乏しい（弾力性の乏しい）	信念の強い、筋の通った、一本気な、一貫性のある
非活動的な（腰の重い）	慎重な、重みのある
感情の不安定な	感性豊かな、情緒豊かな
暗い	神秘的な、落ち着いた、深みのある
自主性の乏しい	素直な、従順な
おおざっぱな	細かいことにこだわらない、心の広い、おおらかな
悲観的な	問題意識のある
自信のない	謙虚な、人の意見に耳を傾ける
攻撃的な	率直な、積極的な、意欲的な
わがままな	エネルギーのある、自由奔放な
服従的な	協調性のある、素直な
不真面目な	融通の利く、柔軟性のある、気楽な
平凡な	わかりやすい、安心感のある
消極的な	奥ゆかしい、落ち着いた、控えめな
計画性の乏しい	おおらかな、気楽な、細かいことにこだわらない
意欲の乏しい	落ち着いた、控えめな
決断力の乏しい	柔軟性のある、慎重な、ソフトな

　Y-G性格検査は、性格傾向を調べるテストです。どの性格傾向が比較的強いか、などを知ることができます。どんな職業・職種で生かせるのかを考えるための参考になります。得点が高い場合も、低い場合も、それぞれに長所と短所があります。図2-21に示したように、性格傾向は長所ととらえることができるのです。これをリフレーミングと呼びます。性格と職業は直結するわけではありませんが、職業生活のなかで、性格の長所をどのように生かしていけるかを考えることが大切なのです。この結果を、職業の特性にあわせて、自分のアピールポイントとして表現できることが大切なことです。

　以上、検査データにより、「自分を知る」ことを考えてきました。先に述べた自己分析、他者からのフィードバックとあわせてより深く正確に整理して自分を知り、アピールすることを考えておきましょう。

第3章 社会の現状と職業社会を知る

3-1 職業社会を知る

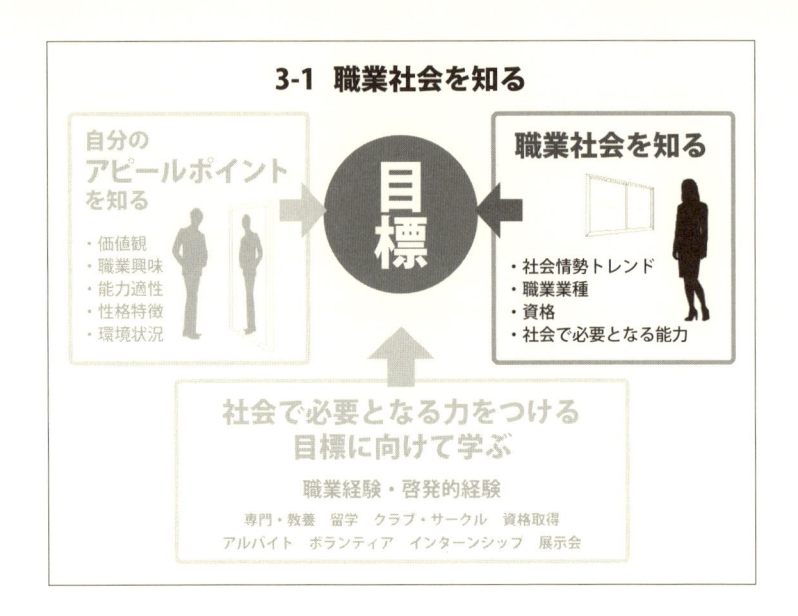

自分のアピールポイントを知る
・価値観
・職業興味
・能力適性
・性格特徴
・環境状況

→ **目標** ←

職業社会を知る
・社会情勢トレンド
・職業業種
・資格
・社会で必要となる能力

↑

社会で必要となる力をつける
目標に向けて学ぶ
職業経験・啓発的経験
専門・教養　留学　クラブ・サークル　資格取得
アルバイト　ボランティア　インターンシップ　展示会

　皆さんは、今までも社会の一員として育ってきたわけですが、ある意味では学校・地域という狭い社会での生活だったと言えるでしょう。これから皆さんは、もっと広い社会へ巣立ち、一人の自立した大人・社会人として社会に貢献していくことになります。

　ここでは、技術者を志す皆さんに知っていて欲しい、技術視点での社会の現状や、企業や社員に求められていること、そして、皆さんが社会人として働くときに基礎となる力、社会人基礎力について説明します。

❶社会を知る

1-1　働く意義

　なぜ働くことが重要なのか、改めて考えてみることが必要です。

　まず、働き方における問題は、どのようなものであるか見てみましょう。社会の成熟と人口減やグローバル化に伴う海外生産化などの原因で、失業率が高まり、「雇用機会の創出」が社会問題となっています。それに加えて、非正社員の増加など、「就業格差問題」が取り上げられています。すなわち、現在の社会においては「働く意義」よりも、雇用の機会や雇用のされ方が大切なこととしてとらえられ

ているのです。

働くこととはどのようにとらえられてきたのでしょうか。イギリスの論理学者B.ラッセルは、「確かにたまらなくいやな仕事はたくさんあるし、仕事が多すぎるのも大変つらいもの」だが、「仕事には、単なる苦痛しのぎから最も深い喜びに至るまで、仕事の性質と働き手の能力に応じてあらゆる度合いが認められる」と述べています（『ラッセル幸福論』岩波文庫、1991）。

日本においては、社会学者の尾高邦雄が『職業社会学』（岩波書店、1941）のなかで、職業の3要素を、①「生計の維持」、②「役割の実現」、③「個性の発揮」で示しています。すなわち、働くことは「職業に就くことによって『経済的に自立』し、その労働が『社会に貢献』し、最終的に『自己実現』をもたらすもの」と考えています。

卒業後、どのように働くかを考えてみましょう。

3-2 サラリーマンの平均生涯賃金

	女性	男性
大学・大学院卒	2億1,540万円 （2億5,520万円）	2億7,590万円 （2億9,450万円）
高専・短大卒	1億6,190万円 （2億1,530万円）	2億2,120万円 （2億6,340万円）
高卒	1億2,650万円 （1億8,990万円）	2億0,580万円 （2億5,910万円）
中卒	1億1,040万円 （1億4,800万円）	1億8,400万円 （2億1,550万円）

※カッコ内は、同一企業で定年まで勤務（転職なし）の場合、データは2005年

出典：独立行政法人 労働政策研究所 研修機構「ユースフル労働統計加工指標集2008」より

(1) 生計の維持

「働くこととは、単に労働対価としての賃金を得るもの」と、狭くとらえることでないことは、さきほど説明をしてきました。しかし、社会人として生活をスタートさせるためには、経済的自立が前提になります。

サラリーマンの平均生涯賃金を例に、考えてみましょう。

一般的なサラリーマンの生涯賃金は、大学卒業者で正社員の場合に約 2.7 億円となっています。男性・女性や学歴による違いは、図3-2 に示しているとおりです。生涯賃金を就業形態の違いからみると、正社員の約 2.7 億円に対して、パートタイム労働者は約 6 千万円となっており、その差は大きくなっています。
　自分が「経済的な自立」をするために、どのぐらいの収入が必要でしょうか。

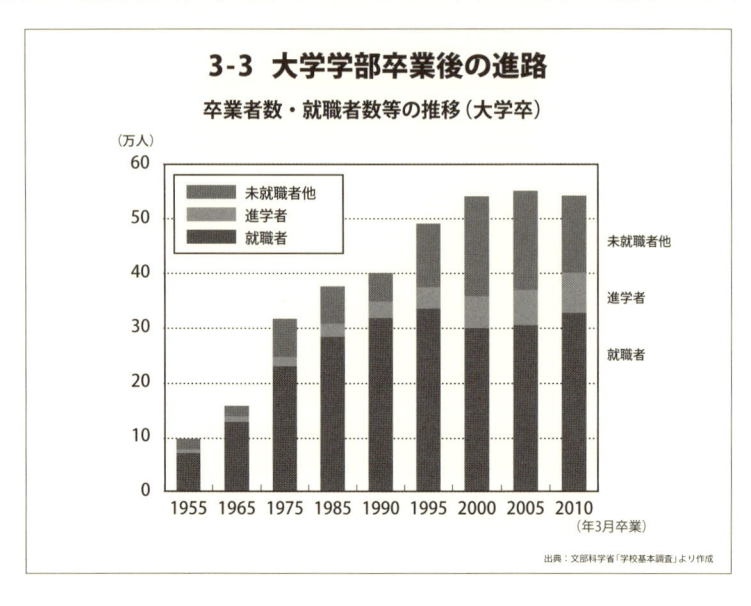

3-3　大学学部卒業後の進路
卒業者数・就職者数等の推移（大学卒）

（出典：文部科学省「学校基本調査」より作成）

(2) 大学学部卒業後の進路
　大学卒業後、先輩たちはどのような進路で活躍しているかを見てみましょう（「文部科学省の学校基本調査」より）。
①大学卒業数と就職者数
　大学卒業者数は、1955 年の 9.5 万人から 2010 年の 54.1 万人と大幅な増加です。また、大学卒業の就職者数は、1955 年の 6.9 万人から 2010 年の 32.9 万人と、これも大幅な増加になっています。特に、30 年前の 1985 年より毎年約 30 万人の大学卒業生が就職しており、どのような職場においても、高学歴者の就業者が増加していることを示しています。
②未就職者数の増加
　大学卒業後の未就職者数は、2010 年には 12 万人となっています。大学卒業生の約 26％は、進路が決まらない状態で生活を送っていることになります。多くは

文科系卒業生といわれていますが、この実態は注視する必要があります。
③大学院進学
　大学院進学者は、2012年に7.3万人で、大学卒業生の約12％となっています。皆さんは大学卒業後、社会でどの進路を進んでいるでしょうか。

```
3-4　社会参加
職業は個人と社会を結ぶ架け橋

職業
❶ 企業で働く（国内・国外）
❷ 公務員として働く
❸ 独立して働く

個人                              社会
自分らしく                        ・組織に対する責任
豊かな人生のために                ・社会に対する責任
・経済的自立
・社会貢献
・自己実現
```

(3) 社会参加
　一般的に、働き方は、①企業で働く、②公務員として働く、③独立して働くなどと、さまざまです。しかし、働くことにより、個人としては「自分らしく豊かな人生のために」、①経済的自立、②社会貢献、③自己実現を図っています。同時に、働くことにより、所属する組織（企業など）に対する責任と、社会に対する責任を果たしていることになります。すなわち、働くこと（職業）は、個人と社会を結ぶ架け橋となっているのです。
　大学時代の学生としての責任とは、大きく異なることを考えてみましょう。

memo

3-5 個性の発揮

```
      自己実現の欲求
       自我の欲求
      社会的欲求
       安全の欲求
       生理的欲求
```

マズローの欲求段階説

(4) 個性の発揮

　A. マズロー（米、心理学者）は、人間の欲求とは、「5段階のピラミッドのようになっていて、底辺の第1段階の欲求が満たされると、次の1段階上の欲求を志すこと」を示しています。人間を成長する存在とみて、「人間はより高次な欲求に向かって成長する」という前提になっているからです。人間の欲求段階は、生理的欲求、安全の欲求、社会的欲求、自我の欲求、自己実現の欲求の5段階です。

①「生理的欲求」は、生命維持のための食事・睡眠・排泄など、生きるために最小限必要な欲求です。

②「安全の欲求」は、危険や脅威もなく、安全に経済的にも安心して生活したいという欲求です。

③「社会的欲求」は、集団に属したり、仲間から愛情を得たいという欲求です。

④「自我の欲求」は、自分は他人から価値ある存在と認められ、尊重されたいという欲求です。

⑤「自己実現の欲求」は、自分の持っている能力や可能性を最大限に引き出し、創造的活動がしたい、目標を達成したい、自己成長したいという欲求です。

　働くことは、人間が求める最高の欲求である「自己実現の欲求」を満たすための活動でもあるのです。

3-6 働く環境

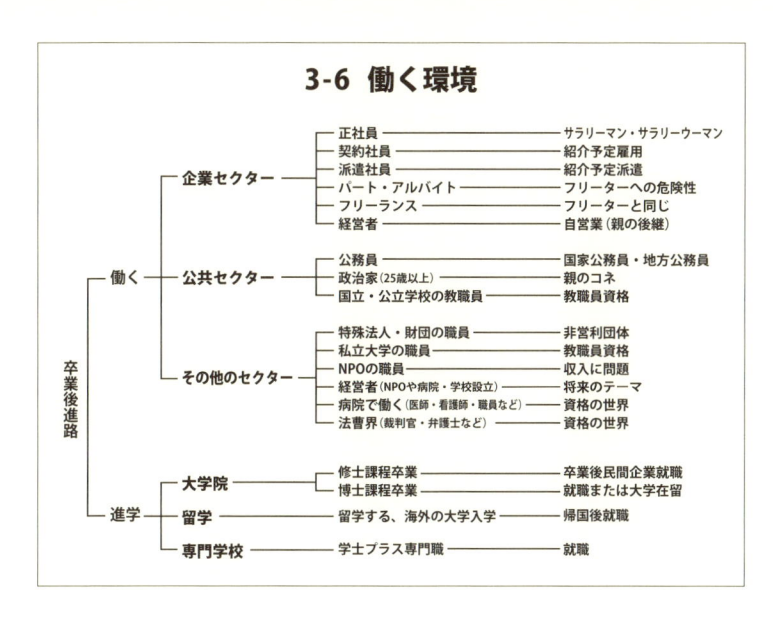

```
卒業後進路
├─ 働く
│   ├─ 企業セクター
│   │   ├─ 正社員 ────────────── サラリーマン・サラリーウーマン
│   │   ├─ 契約社員 ───────────── 紹介予定雇用
│   │   ├─ 派遣社員 ───────────── 紹介予定派遣
│   │   ├─ パート・アルバイト ────── フリーターへの危険性
│   │   ├─ フリーランス ──────── フリーターと同じ
│   │   └─ 経営者 ────────────── 自営業（親の後継）
│   ├─ 公共セクター
│   │   ├─ 公務員 ────────────── 国家公務員・地方公務員
│   │   ├─ 政治家（25歳以上）────── 親のコネ
│   │   └─ 国立・公立学校の教職員 ── 教職員資格
│   └─ その他のセクター
│       ├─ 特殊法人・財団の職員 ── 非営利団体
│       ├─ 私立大学の職員 ──────── 教職員資格
│       ├─ NPOの職員 ─────────── 収入に問題
│       ├─ 経営者（NPOや病院・学校設立）── 将来のテーマ
│       ├─ 病院で働く（医師・看護師・職員など）── 資格の世界
│       └─ 法曹界（裁判官・弁護士など）── 資格の世界
└─ 進学
    ├─ 大学院
    │   ├─ 修士課程卒業 ────────── 卒業後民間企業就職
    │   └─ 博士課程卒業 ────────── 就職または大学在留
    ├─ 留学 ── 留学する、海外の大学入学 ── 帰国後就職
    └─ 専門学校 ── 学士プラス専門職 ── 就職
```

❶ 社会を知る

1-2　働く環境

　これまで「働く意義」を考えてきました。皆さんは大学生活をスタートしたばかりですが、大学卒業後に何になりたいか、どのような分野で働き「経済的に自立」し、その働きで「社会に貢献」し、「自己実現」したいかを考えて、イメージすることが重要です。

　卒業後に、企業で働くのか、官庁で働くのか、財団・大学・独立等で働くのかなど、いろいろな職場があります。職場も大規模、もしくは小規模の組織の中で働くのか、国内か海外で働くのか、どのような職種（研究・開発、設計、製造、施工、企画・営業など）で働くか、どのような業界で働くのかを、これから関心を持って取り組みましょう。

　卒業後、先輩はどのような分野で活躍しているのか、どのような就業実態なのかをみていきましょう。

memo

3-7 就業者に占める大学卒業者

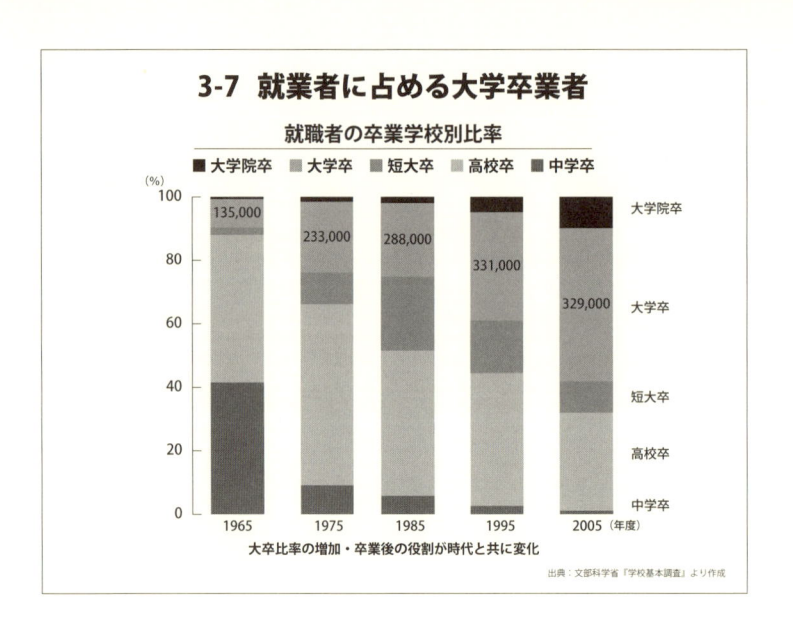

就職者の卒業学校別比率

■大学院卒 ■大学卒 ■短大卒 ■高校卒 ■中学卒

1965: 135,000
1975: 233,000
1985: 288,000
1995: 331,000
2005: 329,000

大卒比率の増加・卒業後の役割が時代と共に変化

出典：文部科学省「学校基本調査」より作成

(1) 就職者に占める大学卒業者

　その年度の就職者に占める大学卒業生の比率は、1965年度が9.0%だったものが、2005年度には53.2%となり、過半数を占めるようになっています（図3-7）。1965年頃の職場においては、中学卒業者と高校卒業者が圧倒的に多く、大学卒業者の比率はわずかに9.0%で、どの職場においても大学卒業者は就職した段階からリーダー的役割が求められていました。40年後の2005年には、職場における「大学卒業者と大学院卒業者」の占める比率は63.7%となって、「中学・高校・短大卒業者」の比率はわずかに36.3%と大きく逆転しています。近年、大学卒業者が就職の中心になっており、その役割も変化しました。

(2) 産業別就業者数の変化

　産業構造の変化に伴い、各産業に就業している者の比率も、大きく変化しています（図3-8）。1961年では、農林漁業の第1次産業就業者は29%でしたが、2010年には5%を下回っています。第2次産業就業者は、1961年の29.4%から、1982年には34.3%まで増加していますが、2010年には24.8%に減少しています。一方、サービス業などの第3次産業就業者は、1961年で約40%でしたが、2010年には約70%を占めています。

　関心のある産業は、どのように変化しているかを調べてみましょう。

3-8 産業別就業者数の変化

国民皆保険・皆年金が実現した1961年には、第1次産業に就業者数の約3分の1が従事。

年	1961	1982	2010
公務	3.3	3.5	3.5
サービス業	12.9	18.9	—
サービス業（他に分類されないもの）	—	—	7.3
複合サービス	—	—	0.7
医療・福祉	—	—	10.4
教育、学習支援業	—	—	4.6
生活関連サービス業、娯楽業	—	—	3.8
宿泊業、飲食サービス業	—	—	6.2
卸売・小売業、金融・保険業、不動産	19.8	26.6	21.3
学術研究、専門・技術サービス業	—	3.2	—
運輸・通信業、電気・ガス・熱供給・水道業	5.5	6.8	9.3
製造業	22.5	24.5	16.8
鉱業、建設業	6.9	9.8	8.0
農林漁業	29.0	9.7	4.0

第1次産業／第2次産業／第3次産業

資料：総務省統計局「労働力調査」
(注) 日本標準産業分類の改訂により、2009年以前では産業の表章が異なっており、接合は行えない。

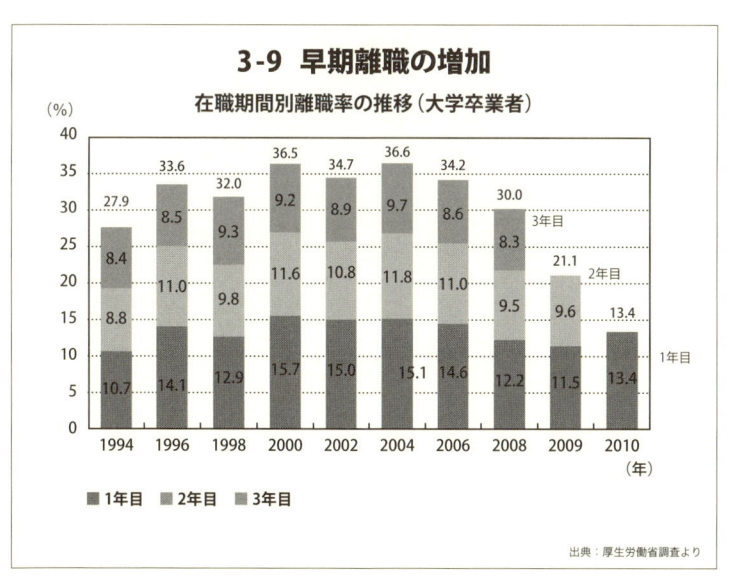

3-9 早期離職の増加

在職期間別離職率の推移（大学卒業者）

年	1年目	2年目	3年目	合計
1994	10.7	8.8	8.4	27.9
1996	14.1	11.0	8.4	33.6
1998	12.9	9.8	9.3	32.0
2000	15.7	11.6	9.2	36.5
2002	—	10.8	8.9	34.7
2004	15.1	11.8	9.7	36.6
2006	14.6	11.0	8.6	34.2
2008	12.2	9.5	8.3	30.0
2009	11.5	9.6	—	21.1
2010	13.4	—	—	13.4

出典：厚生労働省調査より

(3) 早期離職の増加

　就職者のうち、就職後3年間で離職する大学卒業者の離職率を見てみましょう。バブル経済破綻後の1992年より離職率が上昇し、1996年から10年間は約35％と高い離職率が続いていましたが、近年の離職率は約30％となっています。在職期間別に離職率をみると、2008年は1年目が12％、2年目が10％、3年目が

89

8％となっています。2008年頃は大学卒業の就職者は約38万人ですから、離職率30％では約11万人の離職者が1年間に発生していることになります。

皆さんの大学の学生数は何名ですか？　11万人という人数の大きさを考えてみましょう。

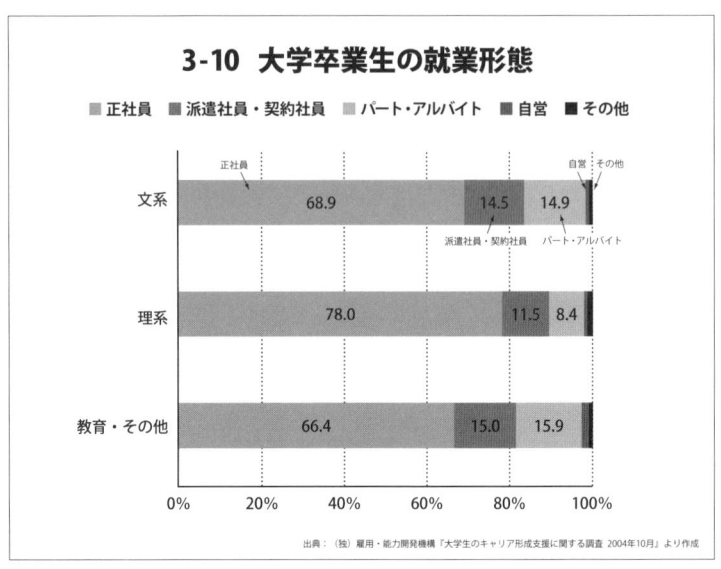

3-10　大学卒業生の就業形態

	正社員	派遣社員・契約社員	パート・アルバイト	自営	その他
文系	68.9	14.5	14.9		
理系	78.0	11.5	8.4		
教育・その他	66.4	15.0	15.9		

出典：（独）雇用・能力開発機構『大学生のキャリア形成支援に関する調査 2004年10月』より作成

(4)　大学卒業生の就業形態

就職した場合の、就業形態はどうなっているのか見てみましょう。企業等に就職した場合は、正社員のほかに、非正規社員と呼ばれる派遣社員・契約社員、パート・アルバイト等が就労しています。

派遣社員は、「派遣会社」と雇用契約を結び給与の支払いや社会保険等の手続きを受けますが、仕事の指示などは直接「派遣先企業」から受けます。自分のライフスタイルにあわせて働くメリットはありますが、有期契約のため安定性はなく、ボーナス等の特別金支給もないなどのデメリットもあります。

契約社員は、正社員とは別の労働条件の下に、給与や雇用期間など個別の労働契約を結び、常勤している社員をいいます。

正社員は、将来の幹部社員を期待して、雇用期間の定めのない雇用契約となっており、給与・賞与や福祉関係も保証されています。一方、非正規社員は、企業等が必要とする期間のみ有期の雇用契約であり、給与・賞与や福祉関係は制限のある保証となっています。

3-11 働き方による保障と待遇（例）

社会保障の大切さ

単位：％

	保険料率	企業負担	個人負担
厚生年金	16.412	8.206	8.206
健康保険料	10.06	5.03	5.03
雇用保険料	1.35	0.85	0.50
労災保険料 （企業負担）	0.30	0.30	―
介護保険料 （40歳以上）	1.55	0.775	0.775

(2011年5月時点)

(5) 働き方による保障と待遇

　正社員等と未就労者の違いは、単なる収入の差だけではなく、社会的保障が受けられない場合もあります。社会的保障の主なものには、次のものがあります。

　「厚生年金保険」は、老齢のために働けなくなったり、あるいは病気や負傷のために障害を残して働けなくなったときに保障する制度です。「健康保険」は、本人またはその扶養家族が、直接仕事と関係なく病気あるいは負傷したとき保障する制度です。「雇用保険」は、労働者が失業した場合および労働者について雇用の継続が困難なった場合に保障を行なうほか、自ら職業に関する教育訓練を受けた場合も保障する制度です。「労災保険」は、業務上の理由または通勤による労働者の災害に対して保障する制度です。「介護保険」は、介護を理由とするとき保障する制度です。

　このような社会保障に対する保険料は、企業等が全額あるいはその一部を負担する仕組みとなっており、正社員等は保険料の一部を負担することにより、社会保障を受けることができます。

❷科学技術と社会

　人類や社会は、進化し、変化し続けています。そして、技術は、社会とそこで生活する人との関係を考えなくては成り立ちません。だから、皆さんが技術者として社会に貢献するため、技術の視点で変化する社会と人間を知ることは重要です。また、それは将来、皆さんが仕事をするうえでの方向性も示しているのです。

　ここでは、技術が進歩すると世界や人間の生活が変化していくこと、日本の技術がどんな役割を果たしているのか、そして、世界の状況や人間の価値観が変化しているなかで、技術者が今後、目指す方向を考えてみましょう。

　変化する世界で生きていく技術者をめざす皆さんが知るべきことは、最新の技術についての広範な知識を持つことは大切ですが、それ以上に大切なことがあります。それは、変化を予測する力と変化に適切に、そして柔軟に対応するための、技術者として普遍的な知恵を持つことなのです。この節では、過去から現在に至る技術の世界、そして市場の変化を分析することによって、理工系分野の将来像を考察し、最新の技術が刻々と陳腐化する時代においても、活躍できる技術者となるための知恵について考えます。

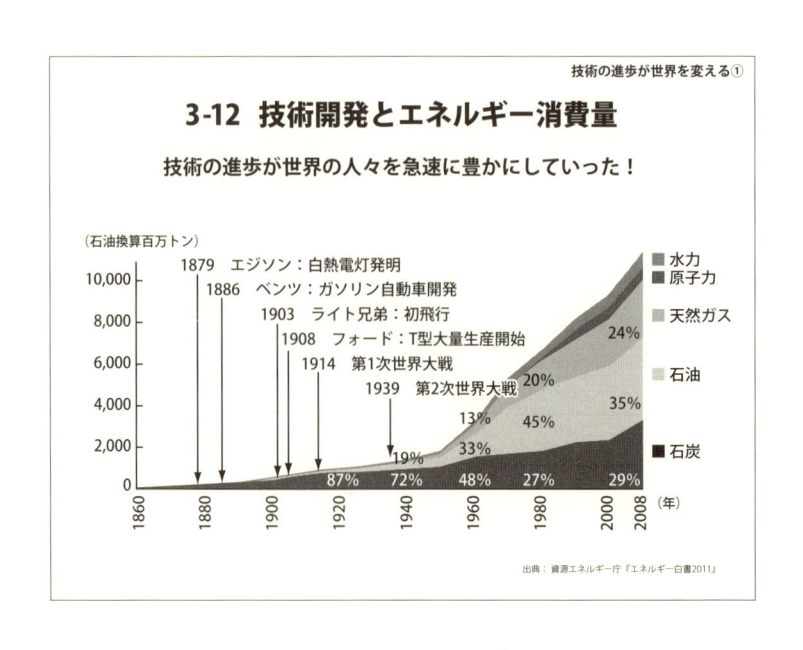

技術の進歩が世界を変える①

3-12　技術開発とエネルギー消費量
技術の進歩が世界の人々を急速に豊かにしていった！

（石油換算百万トン）

- 1879　エジソン：白熱電灯発明
- 1886　ベンツ：ガソリン自動車開発
- 1903　ライト兄弟：初飛行
- 1908　フォード：T型大量生産開始
- 1914　第1次世界大戦
- 1939　第2次世界大戦

凡例：水力、原子力、天然ガス、石油、石炭

出典：資源エネルギー庁『エネルギー白書2011』

2-1 技術の進歩が世界を変える

1765年にワット（James Watt、英国）が蒸気機関を発明し、工場での動力源・蒸気機関車・蒸気船など、さまざまな分野に応用されるようになりました。この発明を契機として、石炭が豊富だった英国を中心に産業革命が起こり、電灯・自動車・飛行機などが次々と発明され、文明も一気に発展しました。

1950年代に中東などで相次いで大油田が発見され、エネルギーの主役は石炭から石油へと移行しました。大量に安く供給された石油は、さまざまな交通機関・暖房・火力発電などの燃料として、また石油製品の原料として、その消費量は飛躍的に増え、世界は豊かになっていきました。

その反面、地球全体の環境汚染や資源枯渇などの問題が噴出しています。

製品の省エネ技術、シェールガスの生産技術、再生可能エネルギーの実用化など、さらなる技術の進歩で、人類の叡智を実現していくことが期待されています。

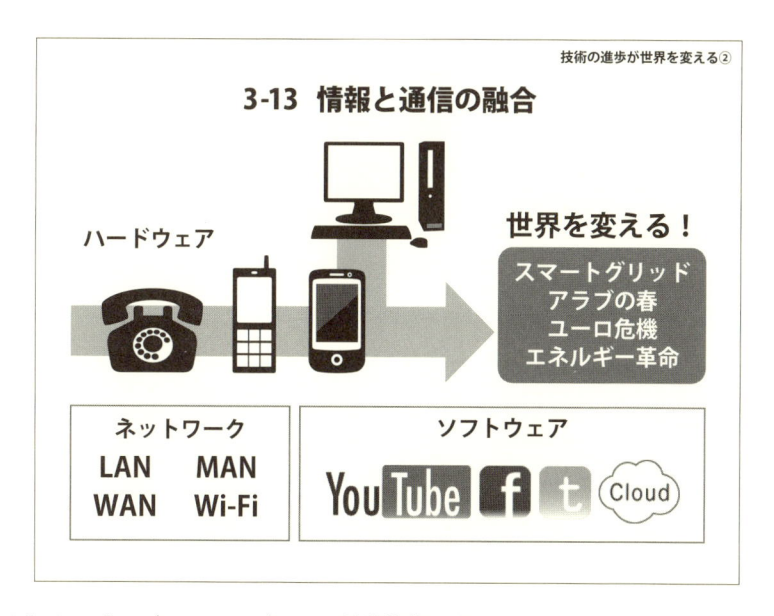

技術の進歩が世界を変える②

3-13 情報と通信の融合

ハードウェア

世界を変える！
スマートグリッド
アラブの春
ユーロ危機
エネルギー革命

ネットワーク
LAN　MAN
WAN　Wi-Fi

ソフトウェア
YouTube　f　t　Cloud

テクノロジー（Technology）は、科学技術と訳されますが、その定義は広く、明確ではありません。一般に、科学（Science）とは、体系化された知識や経験の総称であり、技術（Technique）とは、科学を実地に応用して自然の事物を加工し、人間の生活に役立てることを言います。ちなみに、エンジニアリング（Engineering）とは、工学または技術活動のことを指します。

　長らく技術は、ハードウェアに仕上げることが主流でした。しかし、コンピュータがソフトウェアを高度化し、インターネットの普及によりIT革命が起こりました。情報と通信の融合により、情報が、時と場所を超えて双方向に伝わるようになり、それまでの技術という狭義の概念を一変しました。その進歩は、製品・サービスの向上だけでなく、コミュニケーションも、1対1から不特定多数に対して、時と地域を超えて可能となり、「アラブの春」など民主主義を求める動きまで作りだしました。

　このように、技術の進歩は人々の快適・簡便・安全・安心を向上させ、自由・平等の世界へと変えていっています。

　今日では、技術という言葉は、テクノロジーと同じく広義となり、機械やハードウェアや道具を指すだけでなく、システム、組織的手法、技術リテラシー（技術を評価する力）といった、より広いテーマを指し、効用、ユーザビリティ（使い良さなど）、安全性といった面も考慮する必要があるため、単に科学の応用だけを考えればよいということではなくなっています。したがって、実用的成果を達成する技術開発者には、科学、工学、数学、言語、歴史、人間心理、倫理、社会学など、様々な分野の知識が必要とされています。

3-14　日本のものづくり
激動の時期は科学技術の転換点

	激動期	転換点	転換のキーワード	科学技術のエポック
軽工業から重工業、そして制御技術へと	1868年（近代）	大政奉還 明治維新	鎖国⇒開国⇒西洋化 富国強兵・殖産興業	お雇い外国人の指導、官営工場、鉄道、電力
	1945年（終戦）	太平洋戦争の終結	敗戦・占領、焼け野原 国民主権、東西冷戦	ノーベル物理学賞、TV放送開始、欧米技術導入
	1964年（戦後）	東京オリンピック	高度経済成長（GDP）重厚長大産業	新幹線、高速道路、人工衛星・ロケット、ロボット
	1973年（現代）	オイルショック	自由・平等、グローバル化、軽薄短小産業	IT革命、公害→環境技術、省エネ→エネルギー革命
	2011年（災後）	東日本大震災	自然との共生、地産地消、支え合いの社会	スマートシティ、介護・福祉、人工多能性幹細胞（iPS）

2-2　日本の技術の役割と変化

　明治維新後の日本は、文明開化・富国強兵を旗印とする政府主導により、わずか30年間で社会の欧米化を達成し、鉄道・電力・道路・上下水道などインフラ整備にも力を入れ、繊維産業などの軽工業から鉄鋼などの重厚長大産業までと、欧米諸国に並ぶ工業国となりました。そして、1949年の湯川秀樹博士のノーベル物理学賞初受賞に力を得て、1953年のNHKテレビ放送開始と今日のテレビ産業興隆のスタートを切り、敗戦という国家的危機を国民の総力戦で復興していきました。また、敗戦で欧米に遅れてしまった技術を、日本人は物まね上手と言われながらも積極的に取り入れ、HONDA、SONYをはじめ、戦後設立された企業がユニークな世界企業へと育っていきました。

　1964年の東京オリンピック、1972年の大阪万国博覧会の頃には"Japan as No.1"とも称される高度経済成長期を迎え、新幹線など多くの先進技術が実用化されました。そして、2度のオイルショックは、省エネ技術やIT革命を生み、経済成長に陰を落とす公害の対策技術も確立されて、そのノウハウや製品が世界中に輸出されるとともに、生産拠点もグローバル化が進み、日本のみならず世界の人々の生活を豊かにする貢献を果たしています。

　2011年の東日本大震災は、壊滅的な被害と原子力発電所問題を招きましたが、地球環境と人間生活を考え、自然との共生への転換が促されています。

memo

3-15　市場・生活者の価値観の変化

① **環境重視、地球温暖化**
　低炭素化、COP（Conference of the Parties／地球温暖化防止会議）
　再生可能エネ、省エネ

② **個人の変化・価値観の多様化**

③ **安全・安心**
　「科学技術者の話しは信頼できる」
　震災前 85％ ⇒ 震災直後 41％ ⇒ 65％（平成24年版科学技術白書より）
　課題対応型技術開発、　　　　⇒ 信頼回復に努める
　適切なリスク管理・情報発信

2-3　市場・生活者の価値観の変化

　人々の生活が豊かになるとともに、エネルギー消費量は急増していきました。その多くは、石炭・石油などの天然資源によるもので、1972年にはストックホルムで開催された国連人間環境会議で『人間環境宣言』、ローマクラブの『成長の限界』が発表され、自然環境汚損と資源枯渇という問題が指摘されました。そして、1987年「環境と開発に関する世界委員会（WCED）」報告書『我ら共有の未来』のなかで、地球環境と経済の両立をうたった『持続可能な開発』が提唱されました。その間、気温・海面の上昇や干ばつによる砂漠化など、地球温暖化が懸念され、1992年「環境と開発に関する国連会議（地球サミット）」が開催され、1997年「地球温暖化防止京都会議（COP3）」にて温室効果ガス排出削減目標が設定され、環境・低炭素化・再生可能エネルギー・省エネルギーが重視されるようになってきました。

　社会の変化は、個人のニーズの変化をもたらします。また、求める価値の多様化は、これまで以上に広がっています。これまでも、国、地域により求める仕様や製品価値には、大きな差がありましたが、それが、より細分化され、多くの要素で最適化を考えていく時代です。この変化のなか、技術者は広くニーズを知

り、自らもつ技術・情報を日々更新していくことが求められます。社会にマッチするもの・ことを社会に送りだすために、進歩する最新の技術・思想をキャッチすることが大切になります。

また近年では、経済のグローバル化やネットワークの拡大による情報の共有化の浸透により、物質的豊かさだけではなく、心の豊かさや安全・安心を求める人が増えています。東日本大震災と原子力発電所事故により、国民の科学技術者に対する信頼は大きく低下し、科学技術の可能性とリスクや不確実性について再認識されています。技術者は、これを十分認識・反省し、課題対応型の技術開発、適切なリスク管理、そして情報発信にも配慮し、今後信頼回復に努めていかねばなりません。

```
3-16 日本の技術の現状

①ノーベル賞（自然科学系、2001～2010年）
  受賞者数第2位
  アメリカ 38、日本 9、イギリス 8、ドイツ 5
②日本の国際特許出願件数は世界で第2位、
  1位 アメリカ、3位 ドイツ、4位 韓国、5位 中国
③老舗の工業大国、技術イノベーション、
  企業変革力、品質・生産管理力
④発明発見、研究、開発、設計、製造、
  保守メンテナンスなど幅広く活躍
⑤日本の技術は実用化でも活躍
```

2-4 日本の技術の現状

日本の技術の現状を、簡単に見てみましょう。科学分野の貢献指標となるノーベル賞（物理学、化学、医学生理学）受賞者数は、2001～2010年の10年間でみるとアメリカに次いで2番目となっています。湯川博士の初受賞からこの間（2012年まで）では、受賞者数は物理学賞6名、化学賞7名、医学生理学賞2名、計15名となりました。研究開発の成果である特許協力条約（PCT）に基づく国際

特許出願件数は、情報関係に強いアメリカに次いで、日本は世界2位（全体の19.1％、2009年）です。エレクトロニクス関連分野では1位ですが、中国の出願数が近年、増加を続けています。

日本の産業は、1960～70年代に、それまでの繊維・雑貨など軽工業品を輸出し、重化学工業品を輸入する構造から、鉄鋼、船舶、自動車など、重厚長大型産業製品を輸出する構造に、そして1970～80年代には、電子・電気・輸送・精密機器など加工組立型製品に比重を移していきました。その間、日本独自の改良を加えたビデオ、ワープロ、液晶などの新製品の開発とともに、それを支える製造技術・工程管理技術の開発、品質管理体制の高度化、NC工作機械・工業用ロボットの生産工程への組み込みや小集団活動導入などの変革により、日本独自の効率の高い生産システムが確立しました。その結果、日本は高性能・高品質の製品を、安くタイミングよく供給できることになり、日本の競争力は大幅に高まり、世界有数の工業大国となりました。

このように日本の技術は、企業活動の研究から生産、そして保守メンテナンスなどに幅広く活躍し、新しい技術を実用化するという点でも世界有数の力を持っています。

近年、韓国・台湾企業などに追い上げられ、円高もあり、工場が海外へ移転し、産業の空洞化が懸念されていますが、活動の場や視点を世界中に移すこと、そして技術立国を目指し、底力を発揮し、付加価値を上げる技術・製品・サービスを開発し続ける努力が望まれます。

memo

❸グローバル化と技術者の働く場の変化

今、世界中で経済、政治、文化、社会のそれぞれが大きく変わろうとしている時代、いわゆる時代の転換期です。そのなかでも、最も激しく動いているのが経済の分野であり、その代表的なキーワードがグローバル化です。企業活動のグローバリゼーションは、発展途上国の低賃金労働と先進諸国の不安定雇用を結びつけて、世界的な規模で労働市場を再編成しつつあります。日本企業は、その渦中にあり、大きな岐路にあるのです。このような動きのなかにあって、今後、若い人に求められる社会人としての能力・人間像も、必然的に変わってきています。

この節では、今の社会、そして企業が置かれている環境が、今後どのように変化するのかを認識し、これからの社会を生き抜いていくには、どのような資質の人間が必要とされているかを考えます。

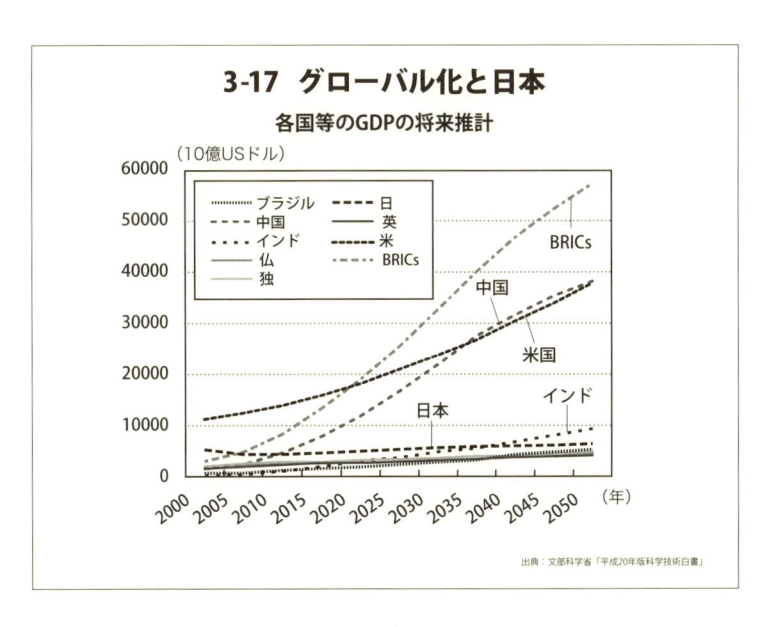

3-17 グローバル化と日本
各国等のGDPの将来推計

（10億USドル）

凡例：ブラジル、中国、インド、仏、独、日、英、米、BRICs

出典：文部科学省「平成20年版科学技術白書」

3-1 グローバル化と日本

グローバル化の激しい世界の経済社会では今、どのような変化が生じているのか、将来はどのようになるのかを各国のGDPの将来推計で概観してみましょう。図3-17の推計からわかるように、ブラジル、ロシア、インド、中国のいわゆる

BRICsが台頭し、市場だけでなく直接投資・生産拠点としても今後、世界を席巻していくでしょう。これらの国々は、天然資源があり、人口も多く、政治的軍事的にも勢いがあり、知的水準も高いので、将来的には日欧米に匹敵するような大国に成長していく可能性が十分に考えられます。一方、日本のGDPの伸びは微増であることが予測されています。このことからも日本企業においては、既に始まっているグローバリゼーションのさらなる展開が必須であることを示しています。

既に日本企業は大きくグローバル化を展開していますが、これは将来も含めて日本企業の生き残る重要な戦略のひとつです。海外への輸出と直接投資・生産拠点作りによって、日本企業は成長し続けることができます。しかし、グローバル化は、市場の拡大を意味すると共に、競争の激化も意味するのです。

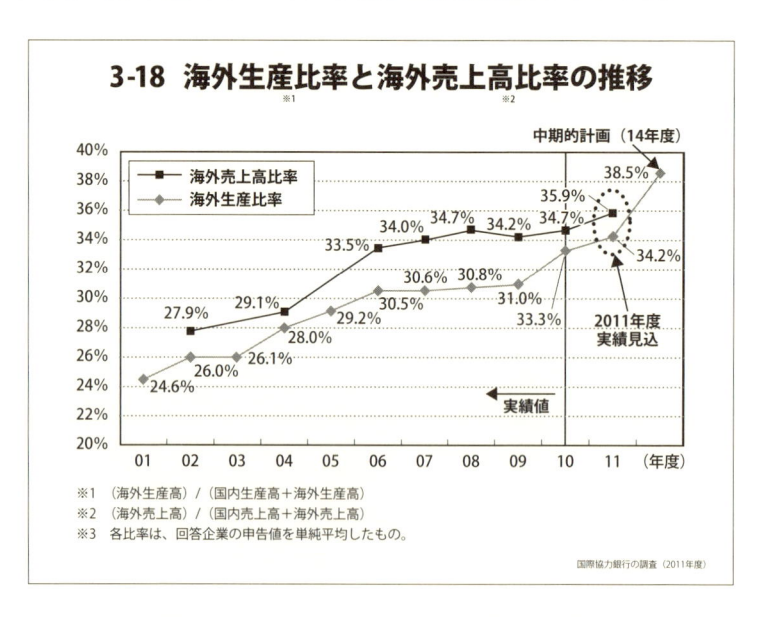

3-18 海外生産比率と海外売上高比率の推移

年度	海外生産比率	海外売上高比率
01	24.6%	27.9%
02	26.0%	—
03	26.1%	29.1%
04	28.0%	—
05	29.2%	33.5%
06	30.5%	34.0%
07	30.6%	34.7%
08	30.8%	34.2%
09	31.0%	33.3%
10	—	34.7%
11	34.2%	35.9%
14(中期的計画)	—	38.5%

※1 （海外生産高）／（国内生産高＋海外生産高）
※2 （海外売上高）／（国内売上高＋海外売上高）
※3 各比率は、回答企業の申告値を単純平均したもの。

国際協力銀行の調査（2011年度）

自動車のような分野では、サプライチェーン（部品の調達から生産・販売・物流、最終顧客への製品・サービス提供のためのビジネスのつながり）の現地化が競争戦略の焦点になりますが、新興国市場で現地部品企業と一緒になって能力向上・コスト競争力強化をしていかねばなりません。

また、分野によっては、現地企業と分業を行ないパートナーとしてビジネスモデルを構築することが必要となります。この場合、会社として事業条件を整え、

自らの組織を変革しつつ、しっかりとした経営戦略を持つことが大切です。それに対応できるような個人のグロバリゼーション関連能力が必要になってくると言えます。特に国境を超えた対人能力、思考力などが大切となります。文化、風習、言語の違いを超え、伸びゆく国との関係を深めていくことが重要になります。

図3-18は、日本の企業の海外での生産比率および売上高比率を示したものです。日本の製造業は、海外事業の強化を加速しており、急速な成長の海外市場を取り込むために、今後とも一段と海外事業の拡大傾向は続くものと思われます。生産、販売の海外展開が進むなか、工場技術者はもとより、開発技術者も駐在、出張など海外で働くことがさらに増えることは、当然のこととして予測できます。

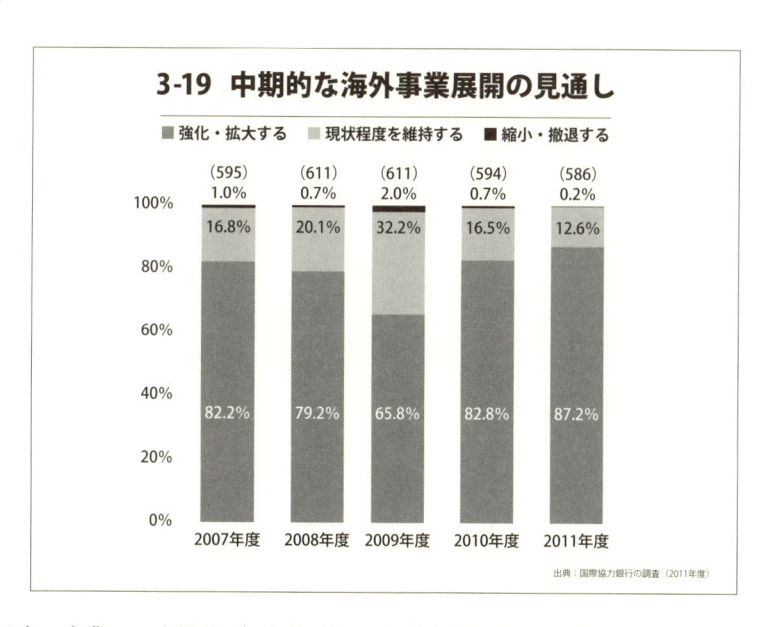

3-19　中期的な海外事業展開の見通し

	2007年度	2008年度	2009年度	2010年度	2011年度
(件数)	(595)	(611)	(611)	(594)	(586)
縮小・撤退する	1.0%	0.7%	2.0%	0.7%	0.2%
現状程度を維持する	16.8%	20.1%	32.2%	16.5%	12.6%
強化・拡大する	82.2%	79.2%	65.8%	82.8%	87.2%

出典：国際協力銀行の調査（2011年度）

日本の企業の、中期的（3年程度）な海外事業展開の見通し調査結果を、図3-19に示します。年度ごとの数字を示していますが、海外強化・拡大したいという意見が、毎年、圧倒的な数字であがっており、日本企業の海外事業の強化姿勢がわかります。

2011年度の結果では、海外事業を強化・拡大するとした企業が9割弱にも達しており、その姿勢が鮮明になっています。ただし、ほとんどの企業が国内事業を維持しつつ、さらなる発展の機会を求めて海外事業を強化したいとしています。

3-20 世界の注目市場の変遷

① 1970年
　アジアNICSが伸びる
　韓国、台湾、香港、シンガポール

② 1980年代
　21世紀は中国の時代だ

③ 1990年代
　次はインドも伸びてくる

④ 2000年初
　世界をBRICsが牽引する
　ブラジル、ロシア、インド、中国

⑤ 2010年代
　ポストBRICsはN-11か？
　イラン、インドネシア、エジプト、韓国、トルコ、ナイジェリア、パキスタン、バングラディシュ、フィリピン、ベトナム、メキシコ

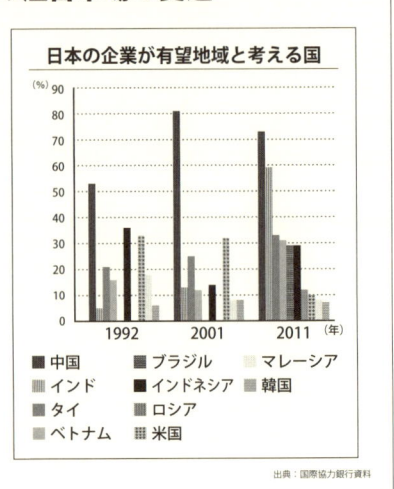

日本の企業が有望地域と考える国

凡例：中国、ブラジル、マレーシア、インド、インドネシア、韓国、タイ、ロシア、ベトナム、米国

出典：国際協力銀行資料

　企業が海外進出を進めるうえで、世界中が注目している有望な進出先とする国は、時代により大きく変化しています。現地マーケットの成長性、マーケット規模など、市場として注目される国は変化し、さらに製造拠点として、安価な労働力、サプライチェーンとしての立地、産業構造などによって、有望な進出先は変遷していくのです。

　図は、日本の企業が今後、有望と考える進出先国・地域について調査した結果です。最近では、中国とインドが顕著なかたちで上位にあり、得票率が中国が7割、インドが6割となっています。そしてベトナム、ブラジル、インドネシアも、次の有望国としてあがっていますし、さらに、安価な労働力を求めてバングラディシュ、ミャンマー、カンボジアなどが、今後の注目国として名前があがっています。

memo

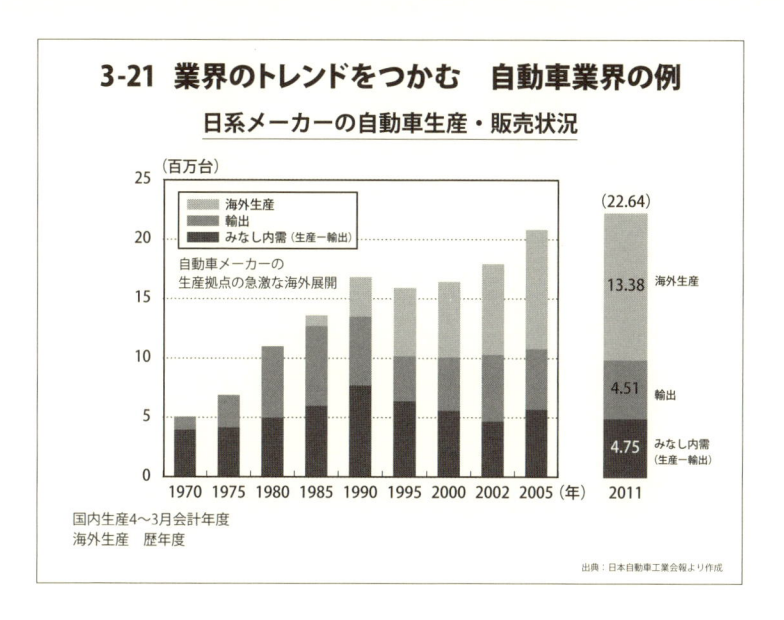

3-21 業界のトレンドをつかむ　自動車業界の例

日系メーカーの自動車生産・販売状況

（グラフ：百万台単位、1970年～2011年の海外生産・輸出・みなし内需（生産−輸出）を示す積み上げ棒グラフ。自動車メーカーの生産拠点の急激な海外展開。2011年合計22.64、海外生産13.38、輸出4.51、みなし内需4.75）

国内生産 4～3月会計年度
海外生産 歴年度

出典：日本自動車工業会報より作成

❸ グローバル化と技術者の働く場の変化

3-2　業界のトレンドをつかむ

　いろいろな社会のトレンドをつかみ将来を予測することは、自らの将来の道筋をつけるのに欠くことができない重要なアクション事項です。自分が進みたい業界が明確になっている人はもちろんのこと、就きたい業界がないか、まだ明確になっていない人も、各業界のトレンドを知っておくことは、就職を考える時に大変重要な判断要素のひとつになります。

　ここでは、自動車業界と建設業界を例として見てみましょう。これらは、国内で最も産業規模が大きく、企業数の多い、裾野の広い代表的な2つの業界です。
　まず、自動車業界のトレンドを見てみましょう。この業界は、過去に幾度となく遭遇した大きな試練を乗り越えて、その時代、時代の市場ニーズをいち早く察知し、大きく成長を続けています。過去には、既に自動車は世界的に飽和しているのではないかと考えられた時代、世界的な自動車業界再編の時代、今は金融危機、排ガス規制などの試練の時代なのです。現在の自動車業界のトレンドのキーワードは3点、"新興市場への生産シフト" "省エネと環境保全の車" "エンジンの燃費改善と安全性・軽量化"です。

世界の自動車市場は、最近のインド、中国の急成長もあって、BRICsの新興市場と日本・欧米の先進国市場という二極化が始まっています。日本企業の生産の観点からすると、国内で生産する完成車の輸出も伸びていますが、新興市場現地で部品および完成車を生産するという形に変わってきています。それを表したのが図3-21です。これで明らかなように、自動車メーカの生産拠点の急激な海外展開が進んでいるのです。

3-22　自動車業界の技術トレンド
2020年・2030年の車種見通し

	2020年	2030年
従来車	80%以上	60〜70%
次世代自動車	20%未満	30〜40%
ハイブリッド自動車	10〜15%	20〜30%
電気自動車 プラグイン・ハイブリッド自動車	5〜10%	10〜20%
燃料電池自動車	わずか	1%
クリーンディーゼル自動車	わずか	〜5%

出典：日本自動車工業会　資料

　次に、自動車の技術的観点でのトレンドを見てみましょう。地球温暖化防止などの世界的な環境問題とエネルギー問題の視点から、電気自動車、ハイブリッド自動車、燃料電池自動車の開発が各国で活発になり、次世代自動車は図3-22のように普及すると考えられています。また、一方、従来の化石燃料を使用するガソリン・ディーゼルエンジンの自動車においては、低燃料化、軽量化、排ガス清浄化、安全性向上の技術開発が継続して続けられるでしょう。

memo

3-23 業界のトレンドをつかむ　建設業界の例

維持修繕工事の推移

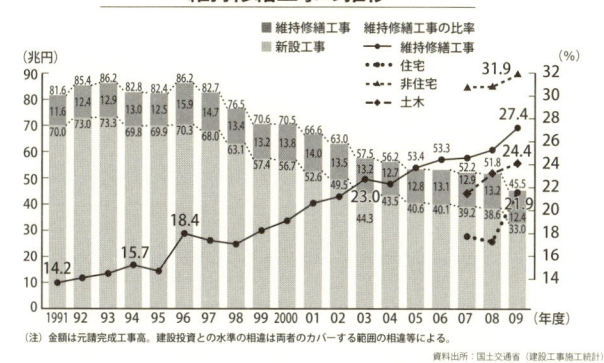

(注) 金額は元請完成工事高。建設投資との水準の相違は両者のカバーする範囲の相違等による。

資料出所：国土交通省（建設工事施工統計）

新規の建設市場の縮小が続く中で、安定した需要が見込める維持修繕工事市場が注目を集めている。建設マーケット全体に占める割合をみると、90年代前半は10%台半ばで推移していたが、90年代後半以降は上昇傾向にあり、2009年度には27.4%に達した。工事別では、非住宅建築の比率が高く、住宅建築の比率は09年度に急上昇している。

　さらに、建設業界について考えてみましょう。図3-23は、工事内容のトレンドをみたものです。大手銀行が破綻した第2次平成不況を境にして、新規の建設工事が縮小傾向を示すなかで、維持修繕工事は、堅実に一定量を確保しています。過去に建設した工事のメンテナンス時期を考え合わせれば、維持修繕工事は、今後とも安定した需要が見込まれるものと予想されます。

　技術者は常に業界の変化を予測し、変化に順応できるように、日頃から応用のきく基礎技術力をつちかっておくことの重要性を示しています。

memo

3-24 働く場の状況

	アクション	シンキング	チームワーク
上司が外国人			○
顧客が外国人			○
海外が職場			○
上司が後輩			○
会社がM&A	○		○
グローバルスタンダード化		○	
専門高度化		○	
企業の社会貢献	○		○
情報公開		○	
仕事のスピード化	○		○
商品サイクル短期化	○	○	○

3-3 働く場の状況

　各業界では、激しいグローバリゼーションの変化が生じていることを見てきました。この時代には、その変化に対応するための能力が、いっそう必要となってきます。図3-24は、具体的に職場のなかでの状況と、そこで活躍するための能力とはどのようなものであるかを、項目ごとにみたものです。アクション（前に踏みだす力）、シンキング（考え抜く力）、チームワーク（チームで働く力）の3つの力は、社会人基礎力として本章の第5節（p.113参照）に述べています。

　企業のグローバル化により、外国人の上司のもとで働いたり、国内外で海外の顧客へのアプローチが求められることが、ごく普通のこととなってきています。また、職場が海外であることも、これまで述べたように多くなります。これによって、言葉や文化、習慣の異なる人たちと交流し、働き、ビジネスをすることが求められます。

　そこで、新しい価値観で協力する力、チームワークで働く力、コミュニケーションの力が、いま以上に大きな意味をもつことになるのです。

　また、年功序列、終身雇用の時代は終焉を迎え、働く場は多様化し、流動化しています。大企業といえども、Ｍ＆Ａ（吸収合併）により業容や組織、人員が大

きく変化することはまれではありません。また、情報通信の世界に代表される、世界標準化の動きや専門技術の高度化などにより、将来を予測し行動する力が強く求められるようになってきたのです。その他に、企業はより大きな社会貢献や企業情報の公開を義務付けられ、商品開発の短期化、効率化、低価格化などが市場から求められ、それらの要求への対応を真剣に考え抜き、速やかに行動する力が、会社にも技術者にも必要となってきています。

このように変化する職場で、多様なニーズにこたえるために、多様な人材と共に働き、技術者としての力を発揮するために、行動力、思考力、対人能力などが、さらに重要になってきたといえます。

❸グローバル化と技術者の働く場の変化

3-25　女性技術者の進出

① 女性の社会進出の現状
- 日本の労働人口の42％は女性（2010年）
- 女性は第三次産業（商業・通信・サービスなど）に8割が従事

② 女性の働き方と法整備
- 労働力率では子育て世代30〜39歳を底とする「M字カーブ」
- 1986年 男女雇用機会均等法施行、1992年 育児休業制度施行

③ 女性の社会進出と科学技術の発展
- 科学技術の発展が女性の暮らしと働き方に大きく影響

④ チーム活動と異性間コミュニケーション
- 男女のチーム活動で互いの相乗効果を図るコミュニケーション力

出所：内閣府「男女共同参画白書」（平成17、23年版）

女性の社会進出の増加も、大きな変化といえます。総務省の「労働力調査（平成22年）」によると、日本の15歳以上の労働力人口は6,590万人で3年連続の減少となりました。そのうち女性は2,768万人で、男女比割合は42％です。全人口に占める労働力人口比率（労働力率）は59.6％、男女別では女性の48.5％、男性の71.6％で、女性はあまり変化していませんが、男性は13年連続の減少となっています。

産業別では、第三次産業（電気・ガス・水道供給、通信、商業、サービスなど）に男性は6割程度ですが、女性は8割が従事しています。職業別では、男女とも

に専門的・技術的職業従事者、事務従事者、保安・サービス業従事者の割合は増加傾向にあり、これら3つの職業で64.8%となっています。

　女性の社会進出には、歴史的・文化的背景が大きく影を落とし、近年では、核家族・子育て・少子化や労働人口の減少・経済の沈滞などの社会的問題も影響しています。日本では、1986年の男女雇用機会均等法施行後、労働力人口の40%を女性が占めるようになりましたが、就業率ではOECD（経済協力開発機構）30カ国中22位（2010年）ですし、1992年の育児休業制度施行後でも、労働力率は子育て世代の30〜39歳を底とする「M字カーブ」を描いています。また、男女ともに非正規雇用者の割合は増加していますが、特に女性は、1985年の32.1%から2010年には53.8%にも増加しています。現在でも、女性の社会進出を支援する種々の施策がなされており、ワーク・ライフ・バランスやワーク・シェアリングなどの変化もあり、女性の社会進出は緩やかにでも進んでいくでしょう。

　1965年頃から女性の家事に費やす時間は減少し始めました。これは、電気冷蔵庫、電気洗濯機、電気掃除機、電子レンジや冷凍食品の普及、外食産業の発達が影響していると考えられています。そして、工作機械の発達や産業用ロボットの導入により、肉体的に負担の大きい作業が減少し、さらにはオフィスでの自動化やインターネット活用も進展し、女性の社会進出と職域拡大を容易にしました。これらの製品やサービスの開発には、科学技術の発展が大きく寄与しており、女性の暮らしと働き方に大きく影響していると言え、この分野でも女性の活躍が期待されます。

　欧米はもちろん、タイや中国でも、女性の社会進出は日本より進んでいます。したがって、皆さんが社会へ出て仕事をする場合、日本以上に男女が共に仕事をするという機会が増えるでしょう。社会で仕事をするということは、問題に対して現実的最適な課題を設定し、実行計画を立て行動するということが多々ありますから、男女が協調すれば良い仕事ができる可能性が大きいのです。社会での仕事の多くはチームワークが重視されますので、異性とのコミュニケーションも重要なのです。

　チーム活動をするには、コミュニケーションを通じ、価値観や発想の源を互いに理解しておくことが大切なのです。理工系学生は、コミュニケーションが不得手な人が多いうえに、女子学生は理学系で平均2割、工学系で1割しか在籍して

いませんので、理工系大学・学部では異性とのコミュニケーションの場が不足しがちです。

社会へ出て仕事をするためにも、授業やサークル活動・ボランティア活動などでコミュニケーション力の向上を図ってください。

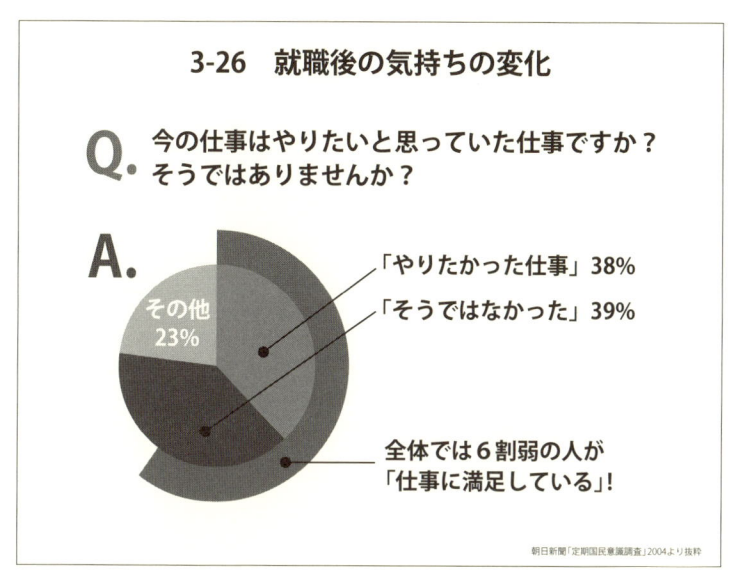

3-26　就職後の気持ちの変化

Q. 今の仕事はやりたいと思っていた仕事ですか？そうではありませんか？

A.
- その他 23%
- 「やりたかった仕事」38%
- 「そうではなかった」39%
- 全体では6割弱の人が「仕事に満足している」！

朝日新聞「定期国民意識調査」2004より抜粋

グローバリゼーションや女性の進出などにより、働く場の状況が変化していることを示しましたが、その変化のなかで、若い人が就職後、どのような気持ちで仕事に取り組んでいるのかという、職場での意識変化を調べたのが図3-26です。

大学を卒業し、希望を持って企業に入ったとしても、なかなか思いどおりの職に就けていない人が大半ですが、仕事に満足している人は60%にも達しています。すなわち、仕事を進めるなかで面白さを実感し、満足度も上がることも多いのです。将来、職に就いてから自分の力を発揮して達成感を得るためにも、学生時代にはそのベースとなる基礎的な専門知識・技能を幅広く身につけることは大切であり、さらに社会人として、いい仕事を気持ちよく進められるように、社会人基礎力もしっかりと身につけておきましょう。

>
> **3-27 社会が企業に求めるもの**
>
> **①活動エリアの拡大、グローバル化**
>   拠点の拡大移転⇒国内空洞化、海外勤務、外国人社員
>
> **②変化への対応のスピード**
>   日本製品のガラパゴス化⇒グローバルスタンダード化
>
> **③オープンな経営、社会的責任（CSR）**
>   経営の透明性、企業統治、説明責任、地域への貢献

❹職業社会の求める要件

　社会は、刻々と変化しています。伝統のある企業といえども、グローバル化などの波にさらされ、社会から求められるものも変わってきています。したがって当然、そこで働く技術者にも、専門だけわかれば良いという時代は終わり、人間力も併せて求められています。技術者として、言葉も歴史も異なる世界の人々と共に仕事をする機会は増えていきます。

4-1　社会が企業に求めるもの

　日本の社会・経済の成熟化や少子・高齢化による市場・労働環境の変化により、企業も否応なく変化していかざるをえなくなりました。世界経済の円高基調やコスト競争激化により、工場は、豊かになり高賃金となった国内から低賃金の国々へ、販売拠点は、中国のように市場規模と伸びの期待できる国々へと活動エリアは拡大し、サプライチェーン（調達・生産から物流まで）は人もモノもグローバル化しています。したがって、「会議はすべて英語で」という企業まで現れ、内需型産業といえども国際経済や諸外国と無関係ということはありえなくなりました。

年功序列制に代表される日本型経営は、技術・技能を高度・普遍化するなどという特長を持ち、高度経済成長の原動力ともなりました。しかし、それがかえって災いしたのか、それとも合議制である意思決定の遅さがそうさせたのか、たとえば OS（Operating System）など、ソフト部門において日本は大きく後れをとり、計算・情報処理の道具だったパソコンは通信端末としての利用が拡大し、携帯電話もいまや情報端末としての新たな利用がはじまるなど、日本製品はガラパゴス化したと揶揄されるようになりました。このように技術・製品の周辺環境も、目まぐるしく変化しています。それにあわせた素早い技術開発・新製品の投入、そしてビデオで果たしたグローバルスタンダード化など、その対応へのスピードこそが競争力の鍵となってきています。

資本主義における経済活動において、株式会社という組織は大きな地位を占め、その活動は株式会社の真の所有者である株主や消費者、従業員、取引先、系列会社、債権者、さらに広義には地域の市民など、社会全般に大きな影響を与えています。特に近年では、企業の巨大化および多国籍化が進行しており、その影響が絶大さらに広範囲に及ぶため、企業の適切で健全な運営は、近代社会の発展における大きな課題の一つとなっています。そのため企業は、財務状況や経営の透明性を高めるなどオープンな経営に努め、適切な企業統治とコンプライアンス（法令遵守）を実施し、利害関係者への説明責任や地域への貢献をするなどの社会的責任（Corporate Social Responsibility）を果たしていかなければなりません。

＊ガラパゴス化：進化論の「ガラパゴス諸島」から日本で生まれたビジネス用語。日本市場への性能・サービスなどの迎合が過ぎると、諸外国との互換性が無くなり参入や輸出もできず、そのうち海外から実用性が高く低価格な製品・サービスが導入され、最終的に淘汰されるということ。

memo

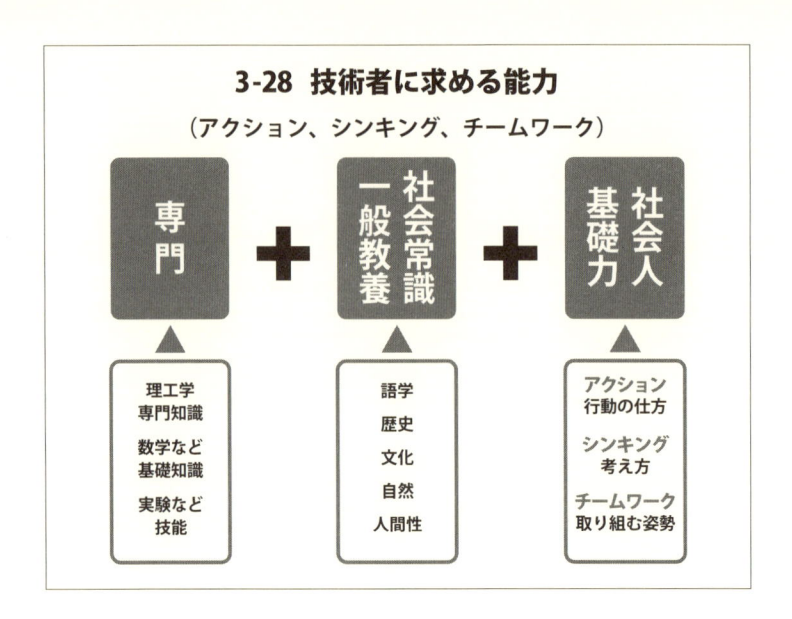

3-28 技術者に求める能力
（アクション、シンキング、チームワーク）

専門 ＋ **社会常識 一般教養** ＋ **社会人基礎力**

- 理工学 専門知識
- 数学など 基礎知識
- 実験など 技能

- 語学
- 歴史
- 文化
- 自然
- 人間性

- アクション 行動の仕方
- シンキング 考え方
- チームワーク 取り組む姿勢

4-2 技術者に求める能力

　経済産業省が実施した人事担当者へのアンケート結果によると、企業が社員に求める能力は、1位：実行力（70.8％）、2位：主体性（68.7％）、3位：課題発見力（65.8％）でした。しかし、変化とスピードの速いグローバル競争の経済環境下にある企業の要求と、現在の若年層の実際の能力にはギャップがあります。そのため、同省では社会に出る前につけるべき力として、「アクション（前に踏み出す力）」「シンキング（考え抜く力）」「チームワーク（チームで働く力）」の3つの能力を社会人基礎力として提唱しています。

　企業による理工系の選考では専門知識・技能が重視されますが、大学という最高学府で学んだ学生は専門性のみならず、語学・歴史・文化・自然・人間性などの一般教養や社会常識、そして仕事をする潜在能力も持っているのが当然と考えられています。社会に出た当初、その専門性は技術者として十分高度であるとは判断されません。潜在的に会社・組織に貢献できる可能性をもった人材であると考えて採用されるのですから、求められるのは成長の基礎となる力です。それらは会社の技術分野、専門分野への基本的な知識、意欲、そして課題解決への論理的思考などの知恵です。大学生らしく生活すれば身につく力です。

3-29 社会に出る前につけるべき力
「社会人基礎力」（3 つの能力/12 の要素）

前に踏み出す力（アクション）
一歩前に踏み出し、失敗しても粘り強く取り組む力
- 主体性：物事に進んで取り組む力
- 働きかけ力：他人に働きかけ巻き込む力
- 実行力：目的を設定し確実に行動する力

考え抜く力（シンキング）
疑問を持ち、考え抜く力
- 課題発見力：現状を分析し目的や課題を明らかにする力
- 計画力：課題の解決に向けたプロセスを明らかにし準備する力
- 創造力：新しい価値を生み出す力

チームで働く（チームワーク）
多様な人々とともに、目標に向けて協力する力
- 発信力：自分の意見をわかりやすく伝える力
- 傾聴力：相手の意見を丁寧に聴く力
- 柔軟性：意見の違いや立場の違いを理解する力
- 情況把握力：自分と周囲の人々や物事との関係性を理解する力
- 規律性：社会のルールや人との約束を守る力
- ストレスコントロール力：ストレスの発生源に対応する力

❺ 社会人基礎力

　社会に出る前につけるべき力として、経済産業省から「社会人基礎力」が提唱されており、技術者として社会で活躍するためにも必要な力です。ここでは、「社会人基礎力」とはどんな力なのかを説明し、大学生活のなかでどのように身につけていけばいいかを学びましょう。

5-1　社会に出る前につけるべき力

　経済産業省が提唱する社会に出る前につけるべき力「社会人基礎力」の、3 つの能力と 12 の要素について説明します。

◎社会人基礎力

1. 「前に踏み出す力」（アクション）」は、一歩前に踏みだし、失敗しても粘り強く取り組む力です。これは、実社会の仕事において答えは一つではなく、試行錯誤しながら失敗を恐れず、自ら一歩前に踏みだす行動のことで、失敗しても、他者と協力しながら粘り強く取り組むことが求められています。
   ①主体性…指示を待つのではなく、自らやるべきことを見つけ積極的に取り組むこと。

②働きかけ力…目的に向かって周囲の人に呼びかけ、そして周囲の人を動かしていく力。

　　③実行力…言われたことをやるだけでなく、自ら目標を設定・行動し、失敗を恐れず粘り強く取り組んで確実に実行する力。

2. 「考え抜く力」（シンキング）」は、様々なことに興味・疑問を持ち考え抜く力です。物事を改善していくためには、常に問題意識を持ち課題を発見することが必要です。そして、その課題を解決するための方法やプロセスについて、十二分に考え抜くことが求められています。

　　①課題発見力…目標に向かって現状を分析し、問題は何か、解決すべき課題は何かを明らかにする力。

　　②計画力…課題の解決に向けた複数の手順を示し、最善の案を検討して、それを実施するプロセスを作る力。

　　③創造力…今までの考え方や方法にとらわれず、新しい価値や解決法を生み出す力。

3. 「チームで働く力」（チームワーク）は、多様な人とともに、目標に向けて協力する力です。社会や職場では、仕事の専門化や細分化が進み、個人として、また組織としての付加価値を創りだすためには、多様な人々との協働が求められており、自分の意見を的確に伝え、意見や立場の異なるメンバーも尊重し、目標に向け共に協力することが必要です。

　　①発信力…自分の意見を整理し、相手に理解してもらうように的確に伝える力。

　　②傾聴力…相手が話しやすい状況をつくり、タイミング良く質問するなど相手の意見を引きだす力。

　　③柔軟性…自分の意見や考え方に固執しないで、相手の意見や立場を尊重し理解すること。

　　④情況把握力…周囲の状況を見聞きして、自分の立場・役割を自ら感じる力（俗に言う「空気を読む」）。

　　⑤規律性…社会のルールに則って、自らの発言や行動を適切にコントロールすること。

　　⑥ストレスコントロール力…正負いずれのストレスにも肩の力を抜いて、適正に自己を律する力。

3-30　入社選考で重視した点

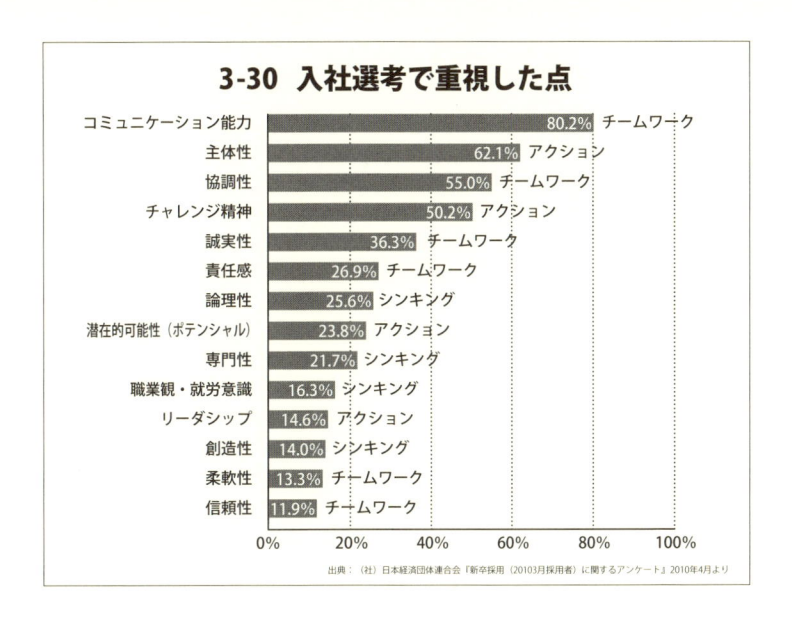

項目	割合	分類
コミュニケーション能力	80.2%	チームワーク
主体性	62.1%	アクション
協調性	55.0%	チームワーク
チャレンジ精神	50.2%	アクション
誠実性	36.3%	チームワーク
責任感	26.9%	チームワーク
論理性	25.6%	シンキング
潜在的可能性（ポテンシャル）	23.8%	アクション
専門性	21.7%	シンキング
職業観・就労意識	16.3%	シンキング
リーダシップ	14.6%	アクション
創造性	14.0%	シンキング
柔軟性	13.3%	チームワーク
信頼性	11.9%	チームワーク

出典：（社）日本経済団体連合会「新卒採用（2010 3月採用者）に関するアンケート」2010年4月より

5-2　入社選考で重視した点

　図3-30は、日本経団連が2010年に行なったアンケート結果です。各企業が採用選考にあたっての重視した項目は、いずれも社会人基礎力を構成する要素にあたります。8割の企業がコミュニケーション能力を求めていることがわかりますが、これは企業が求めているだけでなく、どのような社会生活においても、最も要求度の高い大変、重要な能力です。コミュニケーション力が、論理性・専門性といったシンキング（考え抜く力）より上位に位置しますが、技術者をめざす理工系の皆さんにとっては、シンキングもここで示した結果以上に大切であることは忘れてはいけません。チームワーク（チームで働く力）、アクション（前に踏みだす力）が上位を占めているのは、個人での仕事より集団として仕事をすすめることを、今の社会が要求しているということでしょう。

memo

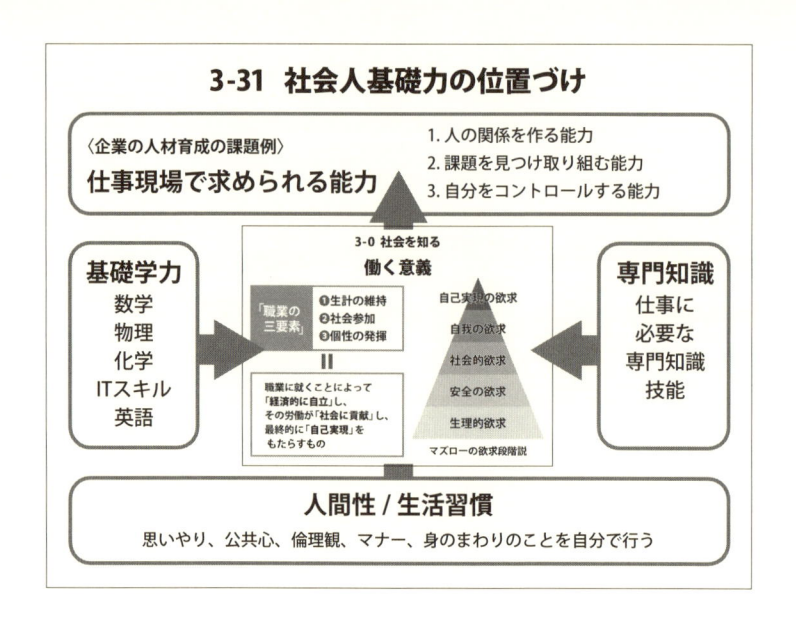

3-31 社会人基礎力の位置づけ

〈企業の人材育成の課題例〉
仕事現場で求められる能力

1. 人の関係を作る能力
2. 課題を見つけ取り組む能力
3. 自分をコントロールする能力

基礎学力
数学
物理
化学
ITスキル
英語

3-0 社会を知る
働く意義

「職業の三要素」
❶生計の維持
❷社会参加
❸個性の発揮
＝
職業に就くことによって「経済的に自立」し、その労働が「社会に貢献」し、最終的に「自己実現」をもたらすもの

マズローの欲求段階説
- 自己実現の欲求
- 自我の欲求
- 社会的欲求
- 安全の欲求
- 生理的欲求

専門知識
仕事に必要な
専門知識
技能

人間性／生活習慣
思いやり、公共心、倫理観、マナー、身のまわりのことを自分で行う

5-3 社会人基礎力の位置づけ

　社会で働くためには、社会人基礎力と言う行動能力に加えて、数学、ITスキル、語学力などの基礎学力、さらに仕事に必要な専門知識・技能が必要です。また、社会人生活を送るに必要な思いやり、公共心・マナーなどの生活習慣を身につけ、人間性を高めておくことが基盤になります。これらのものは単独で修得していくものではなく、相乗効果として共に成長させていくものです。企業における人材育成の例を示しますが、当然、ここでも社会人基礎力がベースになっています。

　大学生活において社会人基礎力の3つの力は不可欠です。学ぼうという意欲、わかるまで考え抜く力、先生、友人とのチームワークのどれが欠けても、大学生らしい学びは難しくなるでしょう。同様に、生活習慣、主体性、思いやり、マナーなど、人としての基本も考え、行動し、人と接することで身につくものです。ですから、大学生らしく学ぶこと、大学生らしく生活することが、社会人基礎力の成長に直結していると考えていいのです。

第4章 コミュニケーション力

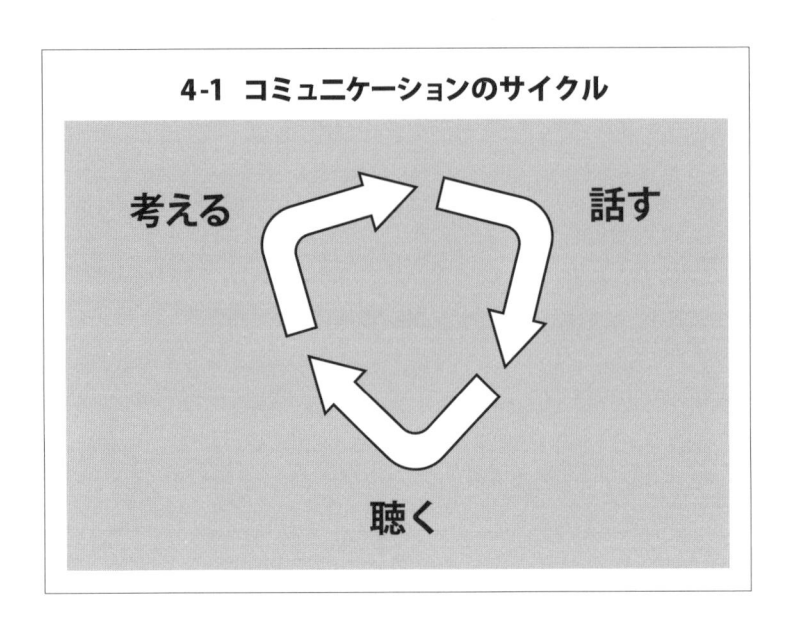

4-1 コミュニケーションのサイクル

考える　話す　聴く

　話す・聴くことによって個人の中で起きているプロセスについて確認してみましょう。他者とのコミュニケーションにおいて、個人の中では、図4-1のような「聴く/考える/話す」というサイクルがまわっているものと考えられます。このサイクルのなかで「聴いて、自分で考えて、自分の言葉で話す」のプロセスを経ていることが大切であり、皆さんが、そのプロセスをたどっているかどうかを確認しておく必要があります。

　普段の会話のなかではそれほど内面までは見ませんし、表現しようともしません。お互いが分かり合うように話をしようとすると、どうしても自分の気持ちや本音を表現することになりますから、徐々に「聴く/考える/話す」サイクルが内面へと入っていくようになります。内面へと進むにつれて、考えることも多くなりますから、サイクルの回転もゆっくりとしてきます。グループ内での語り合いのスピードが、徐々におちていくのは、こうした動きの反映ともいえるでしょう。

　お互いが分かり合えるふれあいが、良いコミュニケーションです。グループで語り合うということは、他者からのフィードバックを得て自分をより良く知るという効果だけでなく、コミュニケーションについて体験的に、きちんと理解するという面でも役立ちます。

　重要なことは、コミュニケーションとは「うまく伝える」ということだけでは

第4章　コミュニケーション力

ない、ということを理解することです。どのようにして自分を伝えるか、表現するかということに関心を向けがちで、プレゼンテーションの仕方や、何を話せばよいのかという表現にばかり注目しがちです。しかし、採用面接などでみられるのは、相手の話をしっかりと聴いて自分の話を丁寧に的確に伝えるというコミュニケーションの基本ができているかどうかです。これができていなければ、いくら話の内容が有益でも伝わらず、共感を得ることもできません。

　本来のコミュニケーションとは、ジョハリの窓（p.70）でいう「パブリックの領域」が広がっていくことを指します。お互いのパブリックの領域を広げていくためには、お互いがきちんと伝え、きちんと受け止めるということをしなければなりませんが、その体験を、グループでの語り合いのなかで実現しておきたいものです。お互い理解しあえるとはどういうことなのか、パブリックの領域が広がると、お互いの間でどのような変化が起こるのかを、グループワークのなかで体験しておきたいものです。

memo

4-2 コミュニケーションの方法

意味・感情

話す / 聴く
聴く / 話す
書く / 読む
読む / 書く
表情・態度 / 観察・洞察
観察・洞察 / 表情・態度

相互理解のために意味や感情をやりとりする

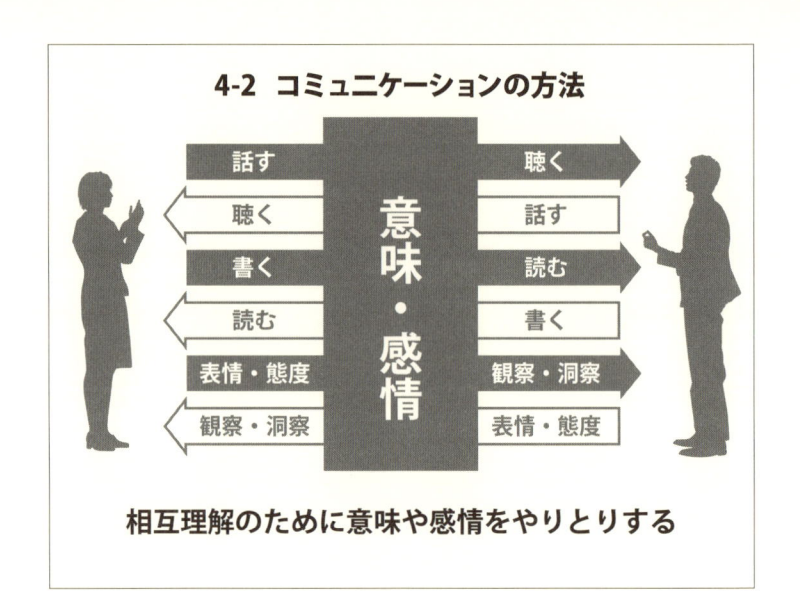

❶ コミュニケーション

1-1 スムーズなコミュニケーションを始めるには

　「コミュニケーション」を辞書（広辞苑）で引いてみると、「社会生活を営む人間の間に行なわれる、知覚、感情、思考の伝達。言語、文字、その他視覚、聴覚に訴える各種のものを媒介とする」となっています。つまり、話したり、聴いたりすることによって、意味と感情をお互いに伝え合うことです。コミュニケーションの手段・方法には、「話す、聴く、書く、読む」といった言語表現（バーバル）のほかに、ボディランゲージや「表情・態度」といった非言語手段（ノンバーバル）があります。

　「意味」と「感情」は、同時に伝えるものであり、両方が豊かでバランスがとれているのが良いコミュニケーションだと言えます。意味の多くは言語表現で伝えますが、感情を伝えるのはほとんどが非言語手段によっています。

　取引や契約の場合は正確に意味・内容を伝えることが大切ですから、あまり感情を表にださず冷静に行なうことが必要なのです。目標に向かって意思統一を図ったり、友人や仲間を元気づけたりする場合は、感情の伝達に重きを置きます。

4-3　良いコミュニケーションの基本

言葉	ていねいな言葉遣い
態度	礼儀正しい態度
心	思いやりの気持ち

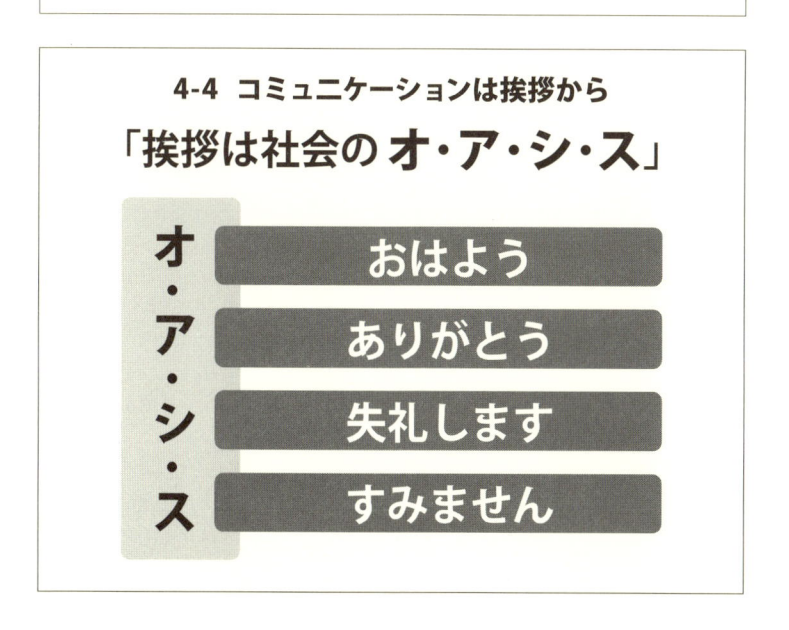

4-4　コミュニケーションは挨拶から

「挨拶は社会の **オ・ア・シ・ス**」

- オ　おはよう
- ア　ありがとう
- シ　失礼します
- ス　すみません

1-2　コミュニケーションは挨拶から

　人に出会ったとき、人を訪問した時、知らない人とでも気軽に挨拶ができると、それは良いコミュニケーションが始まったことになります。「おはよう」「ありがとう」「失礼します」「すみません」の頭文字をとって「挨拶は社会のオアシス」

とよく言われます。なかなかこの言葉が素直に言えない人もいます。皆さんも教室で授業が始まる時、元気な声で挨拶をしていますか。

技術者として社会に出た時、職場での挨拶、お得意さんのオフィスを訪問した時など、挨拶する場面はたくさんあります。「挨拶は良いコミュニケーションの始まり」です。自然に気持ちよい挨拶ができるよう練習しましょう。

4-5 敬語の使い方

	定　義
尊敬語	相手側 または 第三者の行為・状態などについてその人物を立てて述べる。
謙譲語	自分から相手側 または 第三者に向かう行為などについて、その向かう先の人物を立てて述べる。
丁重語	自分側の行為・物事などを、話や文章の相手に対して丁重に述べる。
丁寧語	話しや文章の相手に対して丁寧に述べる。
美化語	物事を美化して述べる。

敬語の5分類　（文化庁2007年度）

1-3 敬語の使い方

社会人は敬語を正しく使います。敬語を使う理由は、相手を思いやり、敬意を払っていることを表すためです。敬語を正しく使いこなすことは、その人の教養や品位の高さを表します。敬語には、大きく分けて尊敬語と謙譲語と丁寧語の3つがあります。これに丁重語と美化語を加えて、5分類にすることもあります。実例をあげると、「行く」ということに対して、尊敬語では「いらっしゃる」「おいでになる」と言い、謙譲語では「参る」「伺う」、丁寧語では「行きます」となります。注意すべきことは、過剰に敬語を使ってはいけないということです。たとえば「2時にお宅様にお伺いさせていただきます」は過剰で、「2時にお宅に伺います」がいいでしょう。

表現をやわらかくする話し方に、クッション言葉があります。たとえば「恐れ

入りますが」「失礼ですが」を始めに使うことによって、相手への気遣いを表すことができます。

また、話す順序によって印象を良くする話し方があります。「あとよし言葉」と言い、良いことと悪いことを同時に言う場合、良いことを後から言う方が印象が良くなります。

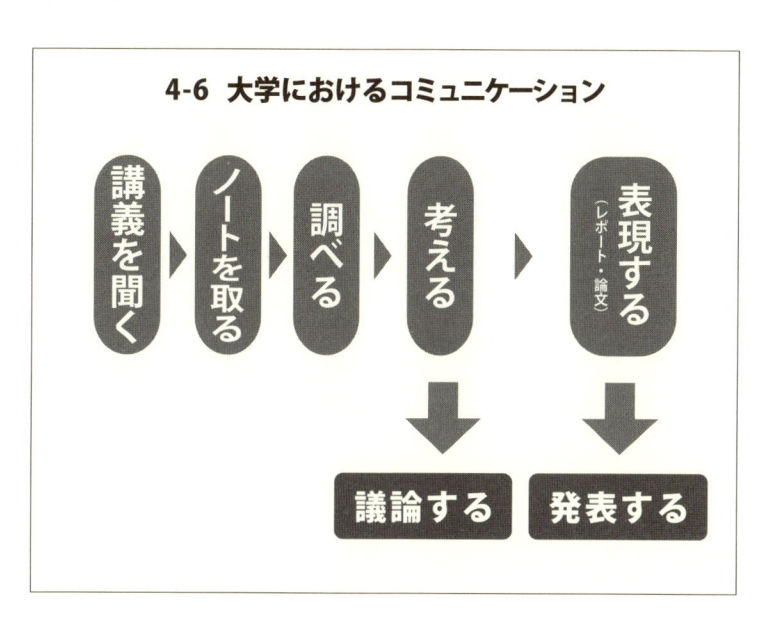

4-6 大学におけるコミュニケーション

講義を聞く → ノートを取る → 調べる → 考える → 表現する（レポート・論文）→ 議論する／発表する

1-4 大学の学びにおけるコミュニケーション

大学では、①講義を聴き、②ノートを取り、③文献を読んで調べ、実験し、④データに基づいて考え、⑤議論し、⑥結果をレポートや論文として表現し、⑦発表する、という流れになります。これらのことを円滑に行なうには、先生や研究室の仲間とのコミュニケーションが大切です。

大学でのコミュニケーションでは、相手に対する真摯な気持ちさえ持っていれば、思ったことを率直に表現することが許されます。ただし、相手を傷つけるような話し方は厳に慎まなければなりません。表現の仕方は、社会人として通用するものにしなければなりません。以下では「聞く、聴く」「話す、議論する」「書く、読む」ことについて意味や留意点を述べます。

4-7　聞く、訊く、聴く

「**聞く**」普通に聞く、自然に聞こえる
　　　・・・hear

「**訊く**」尋ねる、質問する
　　　・・・ask

「**聴く**」心を傾け注意深く聴く
　　　・・・listen

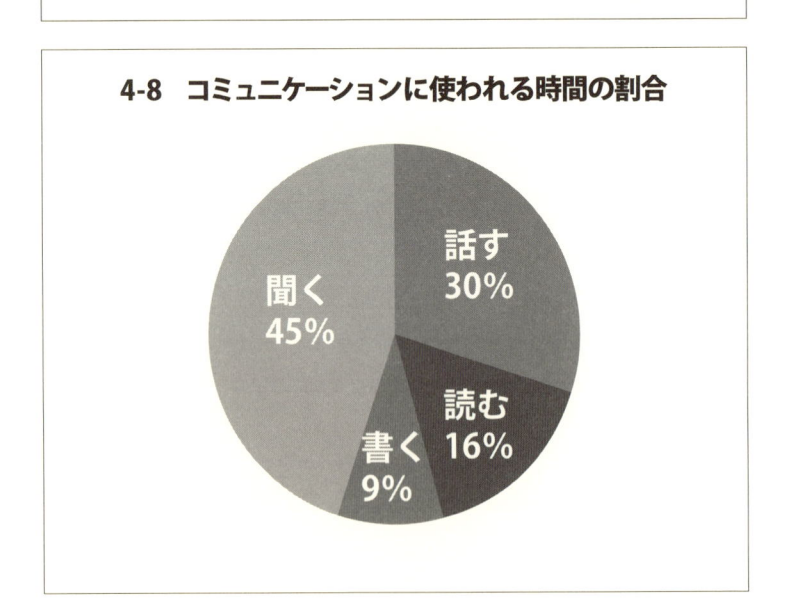

4-8　コミュニケーションに使われる時間の割合

- 話す 30%
- 読む 16%
- 書く 9%
- 聞く 45%

❷「きく」

　「きく」には「聞く」「訊く」「聴く」の３つの漢字があります。「聞く」は、相手の言葉を受け入れて意義を認識することで、受動的な聞き方です。「訊く」は、尋ねること、「聴く」は、身を入れて聴くこと、聴いて処理するということであり、

相手に対する共感や思いやりを示す能動的な聴き方です。聴き方ひとつで、話す人は話しやすくなったり、話しにくくなったりします。「聴く」ということができるよう、常に意識しておくことが大切です。コミュニケーションにおいて、きく時間は全体の45％を占めるという調査結果（米国の心理学者、V. スミスによる）があります。「聴く」は、コミュニケーションの基本行動であると言えます。それにもかかわらず、聴き方の訓練はあまりなされておらず、日本人のコミュニケーション力が向上しない原因になっているのではないでしょうか。

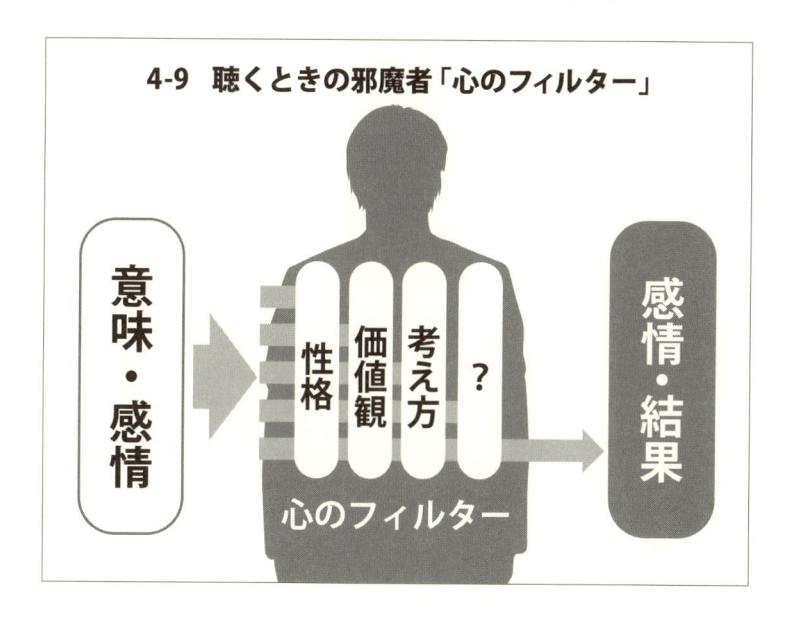

4-9　聴くときの邪魔者「心のフィルター」

意味・感情 → 性格／価値観／考え方／？ → 感情・結果

心のフィルター

2-1 上手な「聴き方」

　上手な聴き方で大切なことは、「心のフィルター」を取り除くことです。人は、それぞれ性格、価値観、考え方、興味の持ち方、好き・嫌いが異なっています。これらが心のフィルターとなって、他人の話を聴くとき、素直にありのまま聴くことの邪魔をします。外見や言葉使いによって偏見を持ったり、思い込みや勘違いによって誤解したり、聴くことのむつかしさは、コミュニケーションには必ず感情が伴うことにあります。視野を広げ、いろいろなことを経験することが、心のフィルターを減らしていくことに役立ちます。

4-10 「聴く」のは言葉だけではない

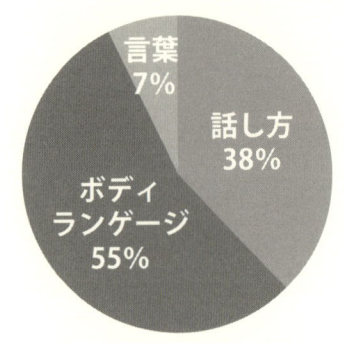

- 言葉 7%
- 話し方 38%
- ボディランゲージ 55%

言葉＝バーバル（言語）コミュニケーションは7%
ノンバーバル（非言語）は93%

出典：米国の心理学者 A. マレービアン博士による

2-2 聴く、話すのは言葉だけではない

　「聴く」ことは、相手が伝えたがっている意味と感情を理解することが目的ですが、一方では、聴くことによって話し手を元気づけたり、発想を促したりすることもできます。その時は、非言語手段（ボディランゲージや態度、表情）が有効に使えます。これは、能動的な聴き方であり、上手な聴き方の一つです。また、別の意味で、非言語手段が有用なことがあります。話し手の体の動きや表情は、意識せずにでてくるもので、話の真偽や本意を表すことがあります。上手な聴き方の一つとして、聴くのは言葉だけではないことを意識しておくといいでしょう。

memo

4-11　上手な話し方

視覚的
- 表情・視線
- 動作・姿勢・態度
- 相手との距離
- 服装

聴覚的
- 声の大小・高低
- 話すスピード
- 反応のタイミング
- 明確さ

❸話す

3-1　上手な話し方

　人は、自分の意思や考え方、感情や気持ちを相手に伝え、理解してもらうために話をします。「話す」相手が1人の場合は対話であり、複数の人が集まって話し合う場合は会話や討論、1人が多くの聴衆に話す場合は発表、といったように、いくつかの場合に分けられますが、基本となるのは1人対1人で行なう対話です。

　上手な話し方とは、聴いている人が理解しやすいことが第一です。理解しやすいためには、相手に合わせたやさしい言葉遣い、筋道の通った話し方が求められます。相手が聴き取りやすい声や話すスピードなど、日ごろあまり気にせずに話していることが多いのです。話し方の練習というのがあります。会議で発表するときには、何十回となく練習しますが、人と話すには練習する間などありません。その時、その時の言葉が、練習であり実践です。

　昔から、話のうまい人は間の取り方が上手だと言われています。長い文章を一気に話すのではなく、文章を短く切って、時々は相手が理解しているかどうかを確かめながら話します。

4-12 アサーション

攻撃的	アサーティブ	非主張的
自己肯定 他者否定 自分の権利主張	自己信頼 他者信頼 自他ともに肯定	自己否定 他者肯定 自分を抑える

3-2 アサーション

　話し方には次の3通りに分けることができ、上手に話すにはアサーティブな表現（アサーション）が適しています
①攻撃的で自己主張の強いタイプ
②はっきりした自分の意見を持ち相手の立場も考えて率直に主張するタイプ
③自分を抑え、非主張的で他人の意見に従いやすいタイプ
　このうち、②のタイプはアサーションと言い、グローバル社会においても通用する上手な話し方です。他人の話を聞いて理解することは大切ですが、自分の主張もしなくてはなりません。発言しなければ、自分の考えは埋もれたままで、誰にもわかってもらえません。アサーションの場合、話す内容だけでなく、話し方が非常に大切です。相手に好印象を与えるために、大声ではなく、また小さすぎもせず、普通の冷静な口調で語尾をはっきりと話します。

memo

4-13 プレゼンテーション

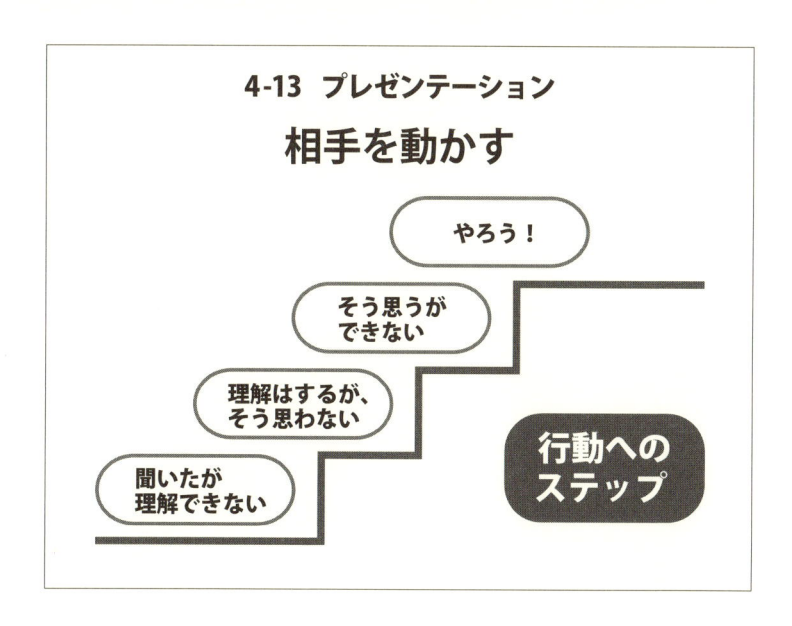

相手を動かす

- やろう！
- そう思うができない
- 理解はするが、そう思わない
- 聞いたが理解できない

行動へのステップ

3-3 プレゼンテーション

　プレゼンテーションは、自分の研究成果の発表など自己PRをするときに行ないます。通常行なう会話などと異なり、十分準備をして、相手の気持ちを動かすような表現が要求されます。これは重要な仕事の一つとして、営業の担当だけでなく、技術者にも要求されます。単純に事実を述べるだけでは不十分であり、情熱と自信の感じられる話し方が必要です。技術的な説明では、得意な分野を作り、そこをセールスポイントとしてインパクトのある説明をすることが大切です。

memo

❹書く

4-1　書くとは

　相手に自分の思いを文書で正しく伝えるためには、目的に合った文書の種類や形式を選ぶことが必要です。いくつか例をあげてみましょう。

　レポートや論文は、与えられたテーマに関して客観的なデータや事実を示し、それらを論拠として自説を述べるものであり、他人に読んでもらい、理解してもらうことが目的です。技術者にとって、自己をアピールするための重要な手段となります。

　議事録は、会議の記録として使われます。会議の目的、開催日時、開催場所、出席者、議論の内容、結論などを、簡潔かつ正確に書き、会議出席者や関係者に読んでもらって、情報の共有を図ります。大切なことは、議論の内容を正確に理解し、それを正しく表現することです。自分の考えを主観的に述べるのではなく、客観的であることが求められます。

　ノートや日記、メモは、自分のために書くものであり、他人が読むことを意識しなくてもよいものです。後で自分が使用するためには、日付を記入することや、正しく思い出せるようにキーワードを使うなどして、要点を逃さないことが大切です。

4-14　レポート・論文の書き方

① レポート作成のテーマ・目的を確認
② 制限文字数や提出期限を確認して作成計画を立てる
③ 内容を箇条書きで整理
④ 構成決定
　　序論：そのテーマの採用理由・問題点、調査方法
　　本論：収集資料とその分析および分析結果、意見
　　結論：本論のまとめ、自分の意見、残された課題
⑤ 見直し・修正

↓
論文を書く

4-2　レポート・論文の書き方

　レポートや論文は、どのようにして作るのでしょうか。実験や文献調査をし、考察することによって得た自分の考えを、文書にして正しく伝えるためには、正確な日本語表現が必要です。そのうえに、論理力と語彙力が必要となります。論理力とは、自分の考えを筋道の立った文章として、記述しストーリを作ることであり、主な論理的思考方法として帰納法、演繹法があります。

　帰納法は実験や調査・観察などで得た事実をもとにして、一般的に通用する結論を導き出す科学的な推論の方法です。演繹法は、実験や調査に依るのではなく、ある命題仮説を立て、そこから論理的なルールに従って思考を進め結論を導き出す方法です。

　語彙力は、相手や内容にふさわしい言葉や単語が使えるかどうかということであり、文書の性格によって的確に使い分けなければなりません。記述の仕方には、①時系列的記述、②因果関係による記述、③段階的記述があります。

　記述に際しては、目的は明確か、誰に対して書くのか、論点がはっきりしているか、主語・述語ははっきりしているか、あいまいな表現や誤字脱字がないかなど、出来上がった後で見直すことが大切です。

　レポートの内容を見直す時は、5W3Hを手掛かりにします。5Wとは、When、Where、Who、What、Whyであり、3Hは、How、How much、How manyです。文書の形式や言葉遣いなどを、自分でチェックするためのセルフチェック項目を図4-16にあげておきます。

memo

4-15 記述の仕方

時系列的記述	時間・事柄の経過に沿って述べる
因果関係による記述	事柄を結果と、その原因を中心にして述べる
段階的記述	事柄をいくつかの段階に分けて述べる（成長の進行度合、規模の拡大など）

　記述は、原則的に、図4-15に示した方法のいずれかになります。難しく考える必要はありません。時間の経過にしたがって書く、原因と結果のつながりを忘れない、そして、ことがらの変化を段階的に書くということを意識していることでいいのです。読むひとの理解、共感を深める書き方が大切です。

4-16 セルフチェック項目

- □ テーマ・目的が定まっているか
- □ 文体は適切か（ですます調など）
- □ 論理的であるか
- □ 誤字脱字はないか
- □ 結論があるか
- □ 提出期限は守っているか
- □ 制限文字数以内か
- □ 5W3Hを満たしているか
- □ 一文が長すぎないか
- □ 分かりやすい単語使いか

　図4-16のチェック項目は、基本的なものです。レポートや論文などを書いた後、実際にチェックしてみてください。

4-17　ノート、メモの書き方

① 必ず日付を記入すること

② 自分のノート、メモ帳と筆記具を用意し、いつも携帯すること

③ 要点、重点をキーワードを使って簡潔に書く

④ 自分の考え、アイデア、疑問点を書くこと

4-3　ノート、メモの書き方

　メモは、あらゆる場面で必要です。講義、講演、グループワーク、ミーティングなどのほか、新聞・雑誌の切抜き、突然思いついたアイデア、疑問点、気になることなどを、どんどん書くべきです。上手に使うために、図4-17にある項目を習慣化するよう心掛けてください。

4-4　読むこと

　読む目的は、新しいものへの探求です。知識や情報を得るため、あるいは娯楽として読書は日常生活に深く関わっています。専門書や技術書、小説、歴史書などを机に向かって読むだけでなく、電車の中で新聞や雑誌を読む、最近は情報機器で電子書籍やメールを読む、WEBを見るなど、いろんな場面、媒体で読む行為を行なっています。

　読むことは他の人の考え方を文章で知り、理解することですが、聴くことと違って何度でも読み返すことができます。一度では理解できなかったことも、くりかえし読むことで理解を深めることができます。限られた時間に少しでも多くの知識・情報を得るために、早く、多く、深く読む訓練をして読解力を高めることが大切です。

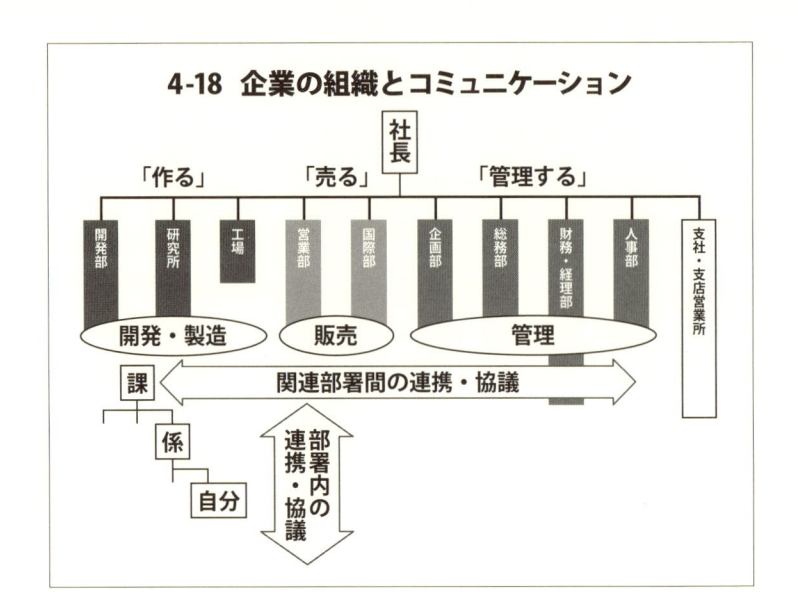

4-18 企業の組織とコミュニケーション

社長 ―「作る」（開発部／研究所／工場）＝開発・製造／「売る」（営業部／国際部）＝販売／「管理する」（企画部／総務部／財務・経理部／人事部）＝管理／支社・支店営業所

関連部署間の連携・協議　　部署内の連携・協議

課 → 係 → 自分

❺ 企業活動におけるコミュニケーション

5-1　技術者としてのコミュニケーション

　企業は企業内部の組織や人同士の間だけでなく、株主や顧客、取引先などと対外的なコミュニケーションを行ないます。対外的なコミュニケーションは利害関係者（ステークホルダー、5-5項参照）との間で行なわれます。技術者が対外的なコミュニケーションとして心掛けねばならないことは、良い製品を適正な価格で提供するといった前向きのことだけではありません。環境汚染や製造物責任、製品の品質劣化などの情報を隠したり、ごまかしたりしないことも、大切なコミュニケーションです。

　技術者は、研究所や工場にいて、技術のことだけに携わっていれば十分だと考える人がいます。しかしそれでは、技術者としてのコミュニケーションができているとは言えません。技術の進歩についてだけでなく、市場の動きを知り、どのような商品や機能・品質が要求されているかを知るために、外部と積極的なコミュニケーションをとらねばなりません。さらに、他社の研究動向、業界の動きを知るために業界紙や学会誌を読み、展示会や講演会にも出席して、積極的な情報

活動をすることが必要です。企業内では、自分の持っている情報を公開し、共有化することが大切です。社内の技術者同士で活発に議論することによって、お互いに考え方や知識を高めていくことができます。特に身近な人達の失敗や成功から、多くのことを学ぶことができます。

5-2　職場でのコミュニケーション

企業活動のなかでは、会議やミーティングがよく行なわれます。会議は、目的や参加者、頻度、時期などによって、形態や進め方が異なってきます。社内会議の目的は、①確認や決定の会議　②情報の普及、周知を図るための会議、③小集団のミーティング、連絡会、討議の会議に分けられます。

日常業務のなかで頻繁に行なわれるのは、小集団活動のミーティングやグループによる討議です。これらの会議でも、参加者のルールやマナーが大切で、会議の進行や効率をよくするため、だらだらした会議や結論のでない会議は好ましくありません。事前の準備や進め方の工夫によって、無駄な時間を費やすことのないように、参加者の心がけが大切です。

参加者は、集合時刻の厳守や簡潔に発言するなど、進行の妨げにならないようにお互いマナーを守ります。携帯電話をマナーモードにしたりするのも常識です。小集団活動の討議は、大学で行なうのと同様のやり方で改善、開発、合理化等についてグループディスカッションを行ないます。

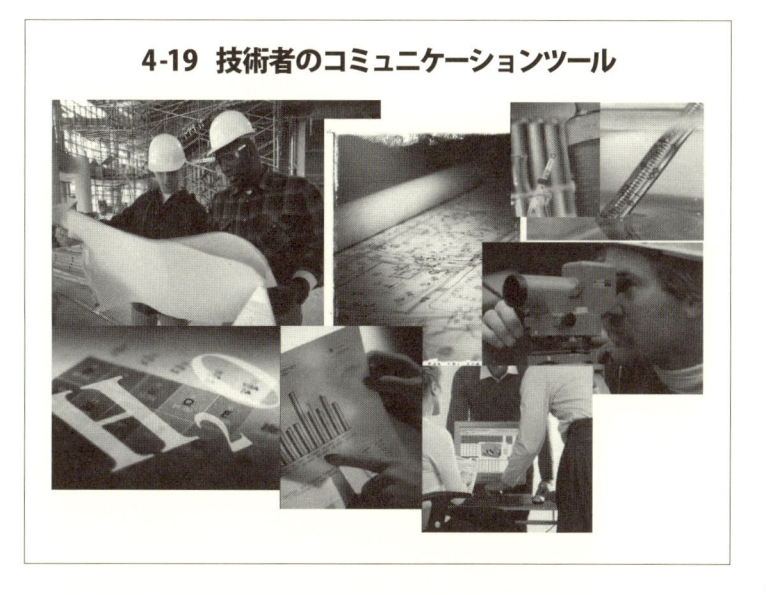

4-19　技術者のコミュニケーションツール

5-3 技術者のコミュニケーションツール

業界や業種、専門分野によって異なりますが、技術者間のコミュニケーションで便利に使える固有のツールがあります。たとえば図面、設計図書、配線図、特別な用語や手順書など、仕事の上でなくてはならないものです（図4-19）。

言葉や文章だけでは伝えにくいことも、これらのツールを使うことにより正確に迅速に伝えることができます。これらのツールは世界共通であることで、言葉以上に重要な伝達手段として使用されることが多く、グローバル化する世界において身につけなければならないものとなっています。

4-20 ホウレンソウ

- ホウ・・・報告「タイミング良く状況を報告」
- レン・・・連絡「要件を素早く連絡」
- ソウ・・・相談「気軽に相談」

5-4 報告、連絡、相談

研究・開発や生産、建設などの現場では、情報の流れが悪くなると仕事の効率や安全性、品質などがおかしくなることがあります。このようなことを防ぐため、現場では「報告、連絡、相談」いわゆる「ホウレンソウ」をしっかり行なうよう教育されます。

報告とは、指示命令を受けた人がそれを与えた人に、結果や途中経過をフィードバックすることです。これをスムーズに行なうには、状況を正しく把握するこ

と、タイミングが遅れないことです。報告する順番は、聞き手が知りたがっている順、緊急度の高い順など、日常的に練習しておくことが必要です。

連絡は、指示命令や仕事の引継ぎなどの際に行うなものです。仕事の内容に直接関係しますから、確実に、正確に伝えることが何より大切です。そのため定型の書類を使ったり、連絡時刻を決めて定期的にやるといったことが行なわれます。

相談は、自分で判断できないことやわからないことを、主に上司や先輩と相談します。曖昧なままで放置すると、場合によっては大きな過ちにつながることがありますから、必ず上位の責任ある立場の人と相談することが必要です。

4-21 企業をとりまく利害関係者

- 株主・投資家（IR関係）
- 顧客（個人・法人）
- 銀行・取引企業・流通業者
- 政府・行政・監督機関
- 企業
- 労働組合・従業員
- 消費者団体・市民グループ
- マスコミ・大学
- 地域住民

5-5　企業の社会的責任（CSR）

本来、企業は利益追求の事業体ですが、自分の利益追求だけで成り立ちません。取引先企業との協力や銀行などの金融機関との良好な関係の維持、出資者である株主への利益還元やマスコミなどに対するPR活動など、どれをとっても重要な活動となります。また、企業活動において法的な規制、許認可を取り仕切る行政機関、消費者団体、地域住民、地元商店街などと良好な関係維持や、労働組合とも友好関係を維持しなければなりません。

このように企業を取り巻く様々な利害関係者をステークホルダーと呼びます。

企業の社会的責任（CSR：Corporate Social Responsibility）には、製品サービスの提供、雇用の創出、収益確保と納税、法令順守など様々な事があります。近年「CSR」は企業競争力の一環であるという位置付けが受け入れられつつあります。これに伴い積極的情報開示、双方向コミュニケーション、環境への配慮、誠実な顧客対応、社員のキャリアアップ、仕事と家庭の両立への配慮、社会活動への参加など、さまざまに展開されるようになってきています。

これらの活動のベースとしてコミュニケーション力は不可欠であり、企業の最も必要とする能力に、コミュニケーション力があがることは当然と言えます。

5-6 技術者としての倫理観

技術者は専門の技術力はもちろん、正しい倫理観を備えておくことが必要になります。個人としての倫理観を問われるだけでなく、企業や集団を代表するものとして判断されることがあります。

技術やそれが生み出す製品は便利さや快適さをもたらしますが、同時に危険性を併せ持っていることがあります。技術者としての倫理観とは、一般の人が気づかないような危険に対して敏感であり、警鐘を鳴らす役目を果たすことです。遵法と情報開示だけでなく、災害や事故に対する的確で迅速な対応が求められます。このような行動に際してはコミュニケーション力が不可欠であり、日頃から訓練を重ねておくことが大切です。

第5章 技術者として進路を考えよう

皆さんは大学卒業後、どのような社会・分野で活躍をしているのでしょうか。

　まず、大学を卒業した先輩は、どのような分野で、どう働いているのかを知ることです。そのうえで、「自分の特性」や「自分の夢」を合わせて、自分はどのような分野で働くのかを考えます。分野や職種を考えるなかで、大学院への進学が有利かどうかを判断することも必要です。

　最近は、パソコン、スマートフォン、新聞、テレビ等で、いろいろな情報が入手しやすくなっていますので、積極的に活用しましょう。自分が卒業後に進みたい分野については、自分で関心をもち、自分で調べたり、先輩・先生に相談することが必要です。

❶進路を考えよう

1-1　進路を考えるときに

　大学を卒業後、どんな分野で、どんな職種を選択するのがよいかを考え、それをめざして、計画的に大学で学ぶことが大切です。働く場には、企業、官公庁、独立した個人事業などがあり、さらに、それぞれに規模の大小、海外や国内等の地域、業界、そして研究や製造、営業といった職種があり、働き方も様々で数多くの組み合わせが考えられます。選ぶためには、いろいろな情報を参考にしてよく考え、目標を決め、それを達成するための準備をすることが大切です。

　就職先を考えるに際して、企業は何のために新卒採用や中途採用をするのか考えてみましょう。

　企業が存続していくためには将来必要な人材を確保していく必要があります。5年、10年先の事業の状況を考えて、長期的な人員計画を立て、それに基づいて採用していきます。定年退職などによる自然減への対応だけでなく、事業の拡大や新規事業の立ち上げなどを考えて、それに必要な人材を前もって採用することもあります。通常は新卒採用が主体ですが、即戦力となる人材を確保するために中途採用を行なうこともよくあります。いずれにしても、人材採用は、企業にとって重要な投資であり、できるだけ有能な人材を取って、早く戦力化することを考えています。そこで皆さんは、専門の知識や技術だけでなく、社会人・職業人としての意識を強く持つことが望まれるのです。

　進路を考えるときに、キャリアを形成していると自覚できる働き方をすること

5-1　進路を考えるときに

人は働くことによって学ぶ
↓
働くことでキャリアを作る

- ❶ 仕事内容に手ごたえがあること　　変化・進歩
- ❷ 仕事から学ぶことがあること　　　学習
- ❸ 自分で判断する余地あること　　　自律性
- ❹ 人間的つながりがあること　　　　他人との協力関係
- ❺ 仕事に社会的意義があること　　　社会貢献
- ❻ 将来にとってプラスとなること　　成長・自己実現

は大切です。働くことで学べる職場、職種が望ましいといえます。人間的に働き、キャリアとし、将来につなぐことのできる仕事を選ぶことを考えましょう。職業心理学者の木村周氏によれば、そのポイントは次の6点です。

① 忍耐で働くのみでなく、適当な変化・進歩が本人・周囲に存在すること。
② 継続的に新たな知識・技術・人間性などで学習があること。
③ 自分の責任で考え、決められるテーマがあること。
④ 同じ職場で他人を認め合う関係があること。
⑤ 自分の労働と社会をつなげて考えられること。
⑥ 個人的・社会的に良い将来につながること。

働くなかで学び成長します。その仕事の経験から、キャリア形成できることが大切です。進路を考えるときには確認しておきましょう。

memo

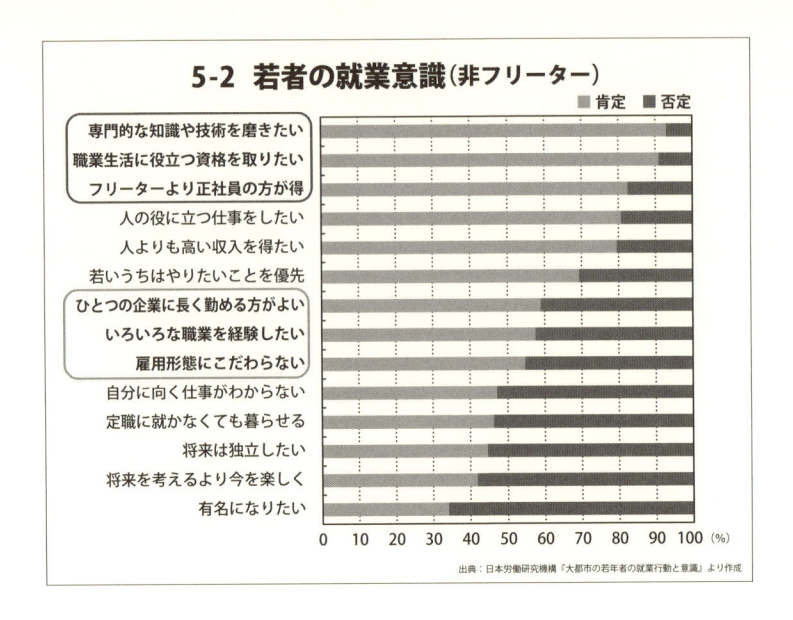

5-2 若者の就業意識(非フリーター)

凡例: ■肯定 ■否定

- 専門的な知識や技術を磨きたい
- 職業生活に役立つ資格を取りたい
- フリーターより正社員の方が得
- 人の役に立つ仕事をしたい
- 人よりも高い収入を得たい
- 若いうちはやりたいことを優先
- ひとつの企業に長く勤める方がよい
- いろいろな職業を経験したい
- 雇用形態にこだわらない
- 自分に向く仕事がわからない
- 定職に就かなくても暮らせる
- 将来は独立したい
- 将来を考えるより今を楽しく
- 有名になりたい

出典:日本労働研究機構『大都市の若年者の就業行動と意識』より作成

1-2 若者の就業意識

　何のために就職するのですか？　と訊かれたら、どう答えますか。20年位前ですと、家族を養うためとか、金持ちになりたいとか、楽な生活がしたいとか良い家に住みたいなど、経済的なことが主な理由になっていました。そのため、就職先を選ぶ時、収入が多いところや規模の大きいところを選ぶ傾向がありました。最近の調査では、専門性を磨きたいとか他人の役に立ちたいとか、やりたい仕事を優先するといった、仕事の内容に重視する人が多くなっています。

memo

5-3 進路選択のポイント①

① 業界、業種を知る

- 専攻している学科と関連が深い業界、業種は何かに注目する
- 興味、関心のある業界、業種に関連する記事を読む
- 先輩や知識人の話を聞く

将来動向を考える感覚

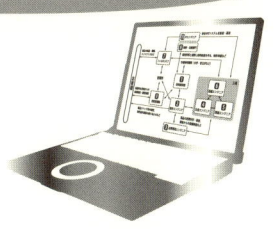

1-3　進路選択のポイント

　進路の選択について、ポイントを整理しましょう。ステップは、①業界・業種を知る、②企業を知る、③職種の知る、となります。

①業界、業種を知る
　就職先を考える際、まず専攻している学科と関連が深い業界、業種は何かに注目します。応用化学や高分子化学など、化学系専攻の人なら化学品メーカーや繊維メーカーを目ざし、機械系を専攻している人なら、自動車メーカーや機械メーカーを目ざすのが一般的です。しかし、現実には成長する業種もあれば、成熟し衰退に向かう企業があります。業界、業種に関しては、グローバリゼーションが進行するという視点から選択することを忘れてはいけません。そのためには興味、関心のある業界、業種について書かれた記事を読み、先輩や知識人の話を聞くなどして、将来動向について考えるという感覚を養っておくことが大切です。

②企業を知る
　同じ業種に属していても、企業によっては業績が大きく異なっています。それ

> ## 5-4 進路選択のポイント②
>
> ②企業を知る
>
> ### 良い会社とは
> ◎経営的に優れている
> ◎社員、消費者、取引先など社会の誰もが良いと認める会社
>
> ---
> **どんな会社か知るために**
> ◎オフィスや工場に出向く
> ◎インターンシップを利用して短期間でも仕事を体験する
> ◎会社に関係する人たちに話を聞く
> ---

は企業間で激しい競争が行なわれた結果であり、就職するなら当然、経営の安定した良い会社を選びたいものです。良い会社とは、どのような会社でしょう。必ずしも現在大きな利益をあげている会社とは限りません。経営的に優れていることは勿論ですが、社員、消費者、取引先など、社会の誰もが良いと認める会社であることです。どんな会社か知るには、実際にその会社のオフィスや工場に出向いたり、インターンシップを利用して短期間でも仕事を体験することです。また、会社に関係する人たちに話を聞くことも大切です。

③職種を知る

「職種」とは、企業などの中で働く社員それぞれの仕事の種類です。その会社に特化した能力を養成するために、いろいろな職種を経験する（ジョブローテーション）「総合職」と、一定の職種を突き詰めて高い能力を身につける「専門職」があります。技術者は、専門職としてスタートすることが多いのですが、仕事の幅を広げ能力をさらに上げるために、関連部門にジョブローテーションすることも多くなりました。特にモノづくり企業には多くの職種があるので、企業側の計画的配置転換のみならず、個人の希望や適性に応じてジョブローテーションすることもあります。業種や企業によって少し異なりますが、モノづくり企業の理工系

5-5 進路選択のポイント③
モノづくり企業の理工系職種

③ 職種を知る

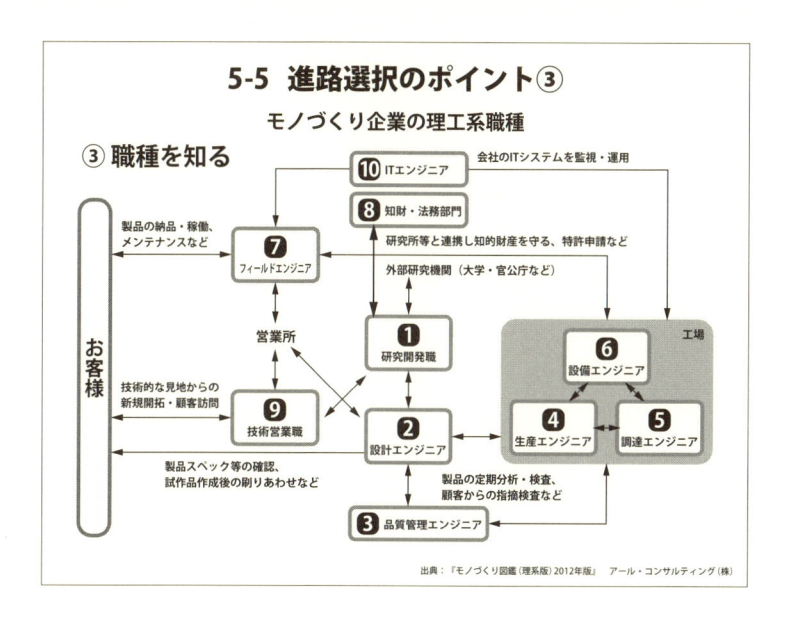

- ❶ 研究開発職
- ❷ 設計エンジニア
- ❸ 品質管理エンジニア
- ❹ 生産エンジニア
- ❺ 調達エンジニア
- ❻ 設備エンジニア
- ❼ フィールドエンジニア
- ❽ 知財・法務部門
- ❾ 技術営業職
- ❿ ITエンジニア

（お客様／営業所／工場／外部研究機関（大学・官公庁など））

- 製品の納品・稼働、メンテナンスなど
- 会社のITシステムを監視・運用
- 研究所等と連携し知的財産を守る、特許申請など
- 技術的な見地からの新規開拓・顧客訪問
- 製品スペック等の確認、試作品作成後の刷りあわせなど
- 製品の定期分析・検査、顧客からの指摘検査など

出典：「モノづくり図鑑（理系版）2012年版」 アール・コンサルティング（株）

職種について簡単に説明してみましょう。

❶研究開発職

理工系学生の9割近くが志望職種として「研究開発」をあげますが、「研究」と「開発」は違うことを、皆さん理解していますか？ 「研究」は未知の領域を対象としていますが、「開発」はできることがわかっている領域を対象にしています。企業では、要素技術などの「開発（応用研究）」が主で、「基礎研究」は国の機関や大学に委ねていることが多く、多くは意外と地味な職種です。

❷設計エンジニア

製品の性能、コスト、品質の7割は設計で決まると言われ、メーカーを支える中心的職種です。「設計」といってもその範疇は広く、既知の技術を組み合わせて新製品開発や性能などを改良する開発設計、客のニーズにあわせてコンポーネントを組み合わせるシステム設計など、多種多様な業務があります。機械設計、電気電子回路設計にしろ、まずCAD（Computer Aided Design）を習得しなければなりません。加えて、材料や加工技術、周辺技術、仕様・規格など、幅広い知識や知恵が要求されます。

❸品質保証・品質管理エンジニア

メーカーは製品の性能・サービスだけではなく、故障しないこと、長寿命とい

う品質や安全をユーザーに提供しています。仕様や規格に基づき検査された製品データや、他の製品と組み合わされたシステムとしての特性を測定し、合格・不合格を判定するのが品質保証エンジニアです。不良品が発生する確率は小さく、原因は簡単には判明しません。材料が悪いのか、設計や生産に無理があったのか、ハッキリしないことが多く、部署を横断して不良の原因解明と改善を行なうのが品質管理エンジニアです。そのため、この職種には設計や生産に携わってきたベテランが多いのです。

❹生産エンジニア

学生が誤解しやすい職種で、ラインで働く職工や技能職ではありません。生産ラインの管理・監督・メンテナンスを行なうとともに、新製品のライン構築、生産性や歩留まり向上、不良対策など生産・製造技術の開発もしています。モノづくりの好きな人には面白い仕事です。

❺調達エンジニア

生産には材料・部品が不可欠で、生産計画に基づいてそれらを調達する重要な職種です。高品質、適正な価格で購入することはもちろん、安定供給を含む納期などの管理をするのに幅広い技術力やコミュニケーション能力が要求されます。

❻設備エンジニア

工場では多くの設備が稼働しており、大量のエネルギーや水を使います。それらを供給し、活動に伴う余剰物を処理する設備や生産プラントなどを設計構築し、設備の運転管理をするだけでなく、ネットワークや制御システムの監視・保守をするエンジニアで、資格が必要な場合があります。

❼フィールドエンジニア

これも誤解されることの多い職種です。建築・土木分野でも同じですが、大型の装置やプラントは現地に行って組立・据え付けや調整がなされます。大卒エンジニアは、その作業を直接するのではなく、その業務を指導・監理する役割のエンジニアで、資格が必要な場合があります。大型装置の設置には相当のノウハウが必要で、テスト稼働まで担当し、最終の品質保証をするとともに、納入後の故障などの不具合にも対応しますので、幅広い技術力やコミュニケーション能力が要求されます。

8 知財・法務部門

昨今のグローバル化に伴い、知財・法務は事業戦略的にもその重要性を増しています。従来は法学部出身者が多かったのですが、高度化した技術を理解する必要があるので、理工系人材も増えています。しかし、新卒で配属されることは稀で、研究開発を担当して特許出願などを経験した後、転属される人がいます。社内スタッフのみで業務を進めることはほとんどなく、社外の弁護士・弁理士事務所に依頼することが多いようです。

9 技術営業職

技術品やサービスを売り込む営業マンなどと誤解している学生が多い職種です。技術的な見地から新規開拓・顧客訪問を行ない、客と営業や研究開発・設計など会社全体を結びつける仕事、いわば「通訳」のようなもので、「コンサルタント」に近い職種です。市場にどんなニーズがあり、それがどんな技術で実現するのが最適か、適切にマッチングするか、広くて深い技術力と営業力で業務を推進していきます。そして、社内外を問わず多くの人と関わりを持ち、関連部署をハンドリングしていかねばなりません。したがって、業務をまっとうしていくと、だんだん「心」「技」「体」が備わっていくようになり、いずれ企業をリードする人材となる可能性の高い職種です。

10 IT エンジニア

社内ネットワークの構築や維持管理をする職種です。IT業界は文系出身者が多いようですが、メーカーの情報システム部には理工系出身者が多いのです。多くの場合、ITサービス産業から派遣されているITエンジニアを管理する立場という色彩が強いようです。ただ、11職種を38専門分野に分類し、最高7段階のスキルレベルを経済産業省が設定しており、将来のキャリア目標を明確にしやすい職種だということも言えます。

memo

❶進路を考えよう

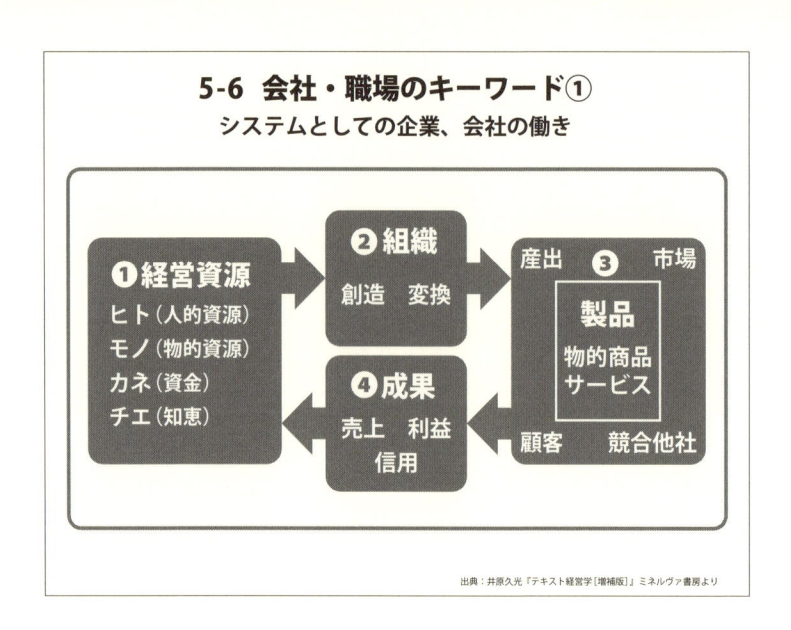

5-6 会社・職場のキーワード①
システムとしての企業、会社の働き

```
❶経営資源          ❷組織        産出  ❸  市場
ヒト（人的資源）    創造  変換        製品
モノ（物的資源）                     物的商品
カネ（資金）      ❹成果            サービス
チエ（知恵）      売上  利益
                 信用          顧客   競合他社
```

出典：井原久光『テキスト経営学［増補版］』ミネルヴァ書房より

❷企業の求める人材を知る

2-1　会社・職場のキーワード

　企業の生態（活動の形、考え方）は、①経営資源（ヒト、モノ、カネ、チエ＋場合によれば情報）として組織に投入、②組織内でアイデア・技術・サービス・加工等の創造・変換、③物的商品、サービス（ソフト、工事、メンテナンス）を市場へ提供、顧客に他社と競争しながら受け入れられて、顧客の役立ちとして販売、④顧客から対価としてまたは成果として、売上、利益や信用が生まれ、その成果は経営資源へと還元されます。もし顧客に不満や不都合が生じたとき、クレーム（苦情）として還元・伝達され、利益や信用が失われます。

memo

5-7 会社・職場のキーワード②
企業の評価・価値のキーワード

生産性	**P** roductivity or Products
品質	**Q** uality
コスト・経済性	**C** ost
納期	**D** elivery
安全性・営業	**S** afety or Sales
モラール・モチベーション	**M** oral or Motivation
環境	**E** nvironment or Ecology

　考えるべき要素は、学生生活での学習・実習・実験とは異なり、会社・職場では大きな違いがあります。どの職場においても、最も大切かつ必要不可欠な内容の言葉です。また、職場の職能や仕事の役割においても、担当する事柄や部署において、仕事の中心となる言葉の意味となります。生産性、品質を高め、低コスト短納期省エネをめざすこと、また安全性の高い製品、環境を考えた製造プロセス、そして社会的責任を果たすというモラルなど、どの言葉も企業の評価、価値や存続できるかを判断されるキーワードとなっています。また仕事そのものを示すことにもなっています。したがって、会社に入ると図5-7のような視点（PQCDSME）で物事を考えなければなりません。

memo

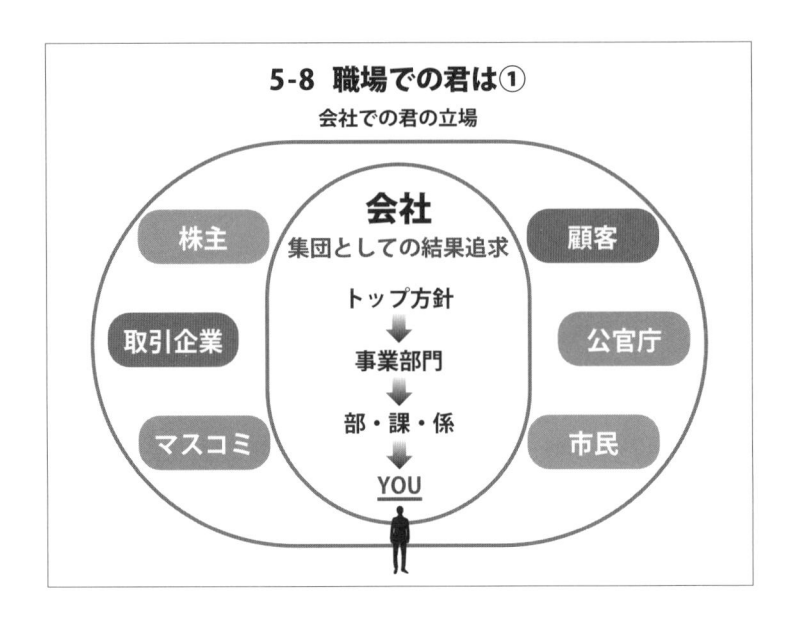

5-8 職場での君は①
会社での君の立場

[図: 会社（集団としての結果追求）トップ方針→事業部門→部・課・係→YOU。周囲に株主、取引企業、マスコミ、顧客、公官庁、市民]

2-2　職場での君は

　図5-8は、会社における（組織の中において）あなたの位置を表しています。あなた自身が社内のある組織の一員であるとともに、より大きな組織にも属するということを表しています。会社から一歩外にでると、対他社とは、個人でなく会社対会社としての対応が求められます。あなた自身にその認識が必要となってきます。自分の背に社の看板を背負って仕事をしていると思うことが大切です。

　会社における自分自身について、企業は組織で活躍・成長し将来に期待をしています。そのために、上司であったり仲間、先輩、また組織として自分自身を育成したり投資をしてくれます。またこれらの結果、仕事を通じて成果の確認や評価があり、それに応じて自身の成長とともに昇級があります。一部の企業では、個人の定期的な目標や育成計画について話し合いをしたり指導があります（人材育成制度）。

　また、実践のなかでの教育活動をOJT（On-the-Job Training）と呼び、社外の研修機関での教育活動をOffJT（Off-the-Job Training）と呼び、仕事をしながら研修をすることで人材育成がはかられます。企業においては、組織活動が中心で、そのなかにおける役割や個人の目標を自分で申告し、上司の了解・承認のもとで目

> ## 5-9　職場での君は②
> ### 会社は君に期待して
>
> - 人材育成（OJT）（OffJT）
> - 成果の確認、評価、昇給
> - 今後のチャレンジ、キャリア目標
>
> ⬇
>
> 毎年1回　申告・上司と共有　　一部の大企業において制度化
>
> **エンプロイアビリティを高めコンピテンシーを持つ**

標や成果を共有します。場合によればそれらに対して、評価について上司から個人に説明や指導をもらい、次のステップの材料にしたりします。

　エンプロイアビリティとは、Employ（雇用する）と Ability（能力）を組み合わせた言葉であり、個人の「雇用され得る能力」のことを言います。現在勤務している企業内で継続的に雇用される能力という側面も持っていますが、逆に言うと転職できるための能力とも言えます。つまり、企業内外を越えた労働市場における、ビジネスパーソンとしての価値ということです。知識・技能にとどまらず、行動特性や思考特性、価値観といった個人の内面的属性までを含めたものとしてとらえられています。一方、個人の側としては、自らが雇用され続けるためには、自己責任においてエンプロイアビリティを高めていく必要があるという認識が高まっています。

　また、コンピテンシーとは、高業績者に共通してみられる行動特性のことです。「ある職務や役割において優秀な成果を発揮する行動特性」などと定義されています。社内で高い業績をあげている社員の専門技術・ノウハウ・基礎能力等を細かに観察し、何がその人を「仕事のできる社員」にしているのかを明らかにするものです。そして企業は、この"コンピテンシー"を行動基準や評価基準に活用することにより、社員全体の行動の質をあげていこうとしています。

5-10　会社・職場での進路

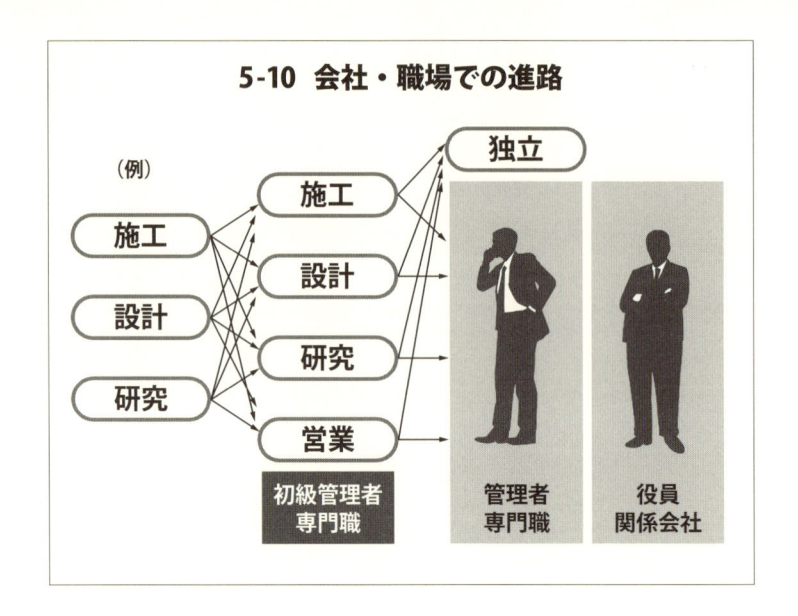

（例）
施工／設計／研究　→　施工・設計・研究・営業　→　初級管理者 専門職　→　独立／管理者 専門職／役員 関係会社

2-3　会社・職場での進路

　企業での働く姿を考えるとき、皆さんの活躍する場や位置・立場によっても大きく変わります。

　一生同じ職場で働くということは、ほとんどの場合ありません。より上位に昇級することにより専門職になる場合から、さらに昇級し管理職になると、専門をもった管理職や、さらには事業全体、部門全体また会社全体を任される位置に立たされることもあります。やりがいとあわせて責任の重大性が増し、たくさんの社員やその家族、関連会社の運命をも決めることもあるでしょう。自分の決定が会社運命をも左右することもあり、技術能力だけでなく判断力や交渉力、リーダーシップ、責任者としての人格も必要条件となってきます。その基となるものは、学生時代や若い時にいかに勉強し、経験し、苦難を乗り越えてきたかが問われることになります。

memo

5-11　会社が採用のときに重視すること

- モチベーション
- コミュニケーション力
- 協調性

　希望する会社に入社できたとして、自分がやりたいと思っている職種が与えられるかどうかはわかりません。会社からすれば、人員補充計画に基づいて採用したわけですから、入社時から新卒者一人一人の希望をかなえるとは限らないのです。会社や現場の部署が希望する人材要件としては、専攻学科の内容や成績以上に、仕事に対するモチベーション（意欲）の高さやコミュニケーション力、協調性のある性格や人柄が重視されることが多いのです。

　やりたい仕事がはっきりしているならば、人事担当者に熱心にアピールすれば、願いが届くことが期待できます。仮に最初はだめでも、自己申告制度やローテーション制度がある場合、希望の職種に就くチャンスは何度もあります。企業にとって人材は財産であり、社員が最適な職場・職種・立場で働くことが、会社にとっての成長にもつながるのです。

memo

5-12 やりたい仕事とやりがい

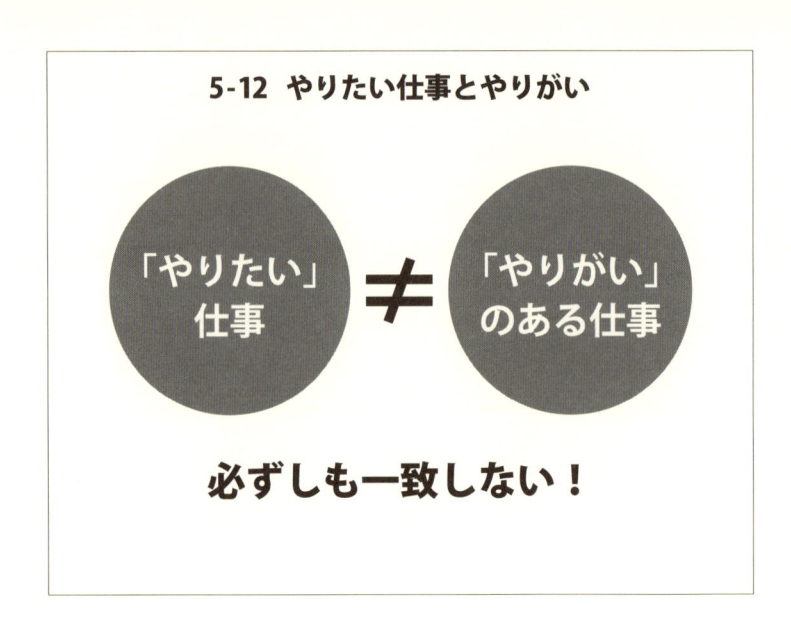

「やりたい」仕事 ≠ 「やりがい」のある仕事

必ずしも一致しない！

　これから社会に出て働く皆さんが直面することのひとつに、やりたい仕事に就いたり、自身で選択できたりということは、ごく限られたタイミングや特別の場合にしかないということがあります。必ずしも皆やりたい仕事に就き、やりがいを感じて働いているとは限りません。あえてやりたくない仕事に社命で就く場合があります。そのなかにおいても、やりがいを感じるようにするのも自分自身です。必ず責任をもって前向きな行動をつづけるならば、必ずやりがいを感じる場面に直面します。したがって、個人個人の気持ちの持ち方で、人生は大きく変わるのです。

memo

5-13　グローバル人材とは

1．語学ができること（英語以外に中国語など）
　専門用語を理解し、使えること（日常会話は当然）

2．国際社会が求める人材
　1）異質な人たちと難題を解決できる突破型人材であること
　2）知恵や専門力だけでなく自分のアイデンティティを表し説明できる人材

2-4　グローバル人材とは

　近年、グローバル人材が社会から多く求められています。社員の採用も、海外の人を含めての採用競争となりつつあります。特にそのなかで、外国語（特に英語）ができることは、ひとつの強みになっています。さらには技術知識、その応用力をもった人は最も有利になります。

　日本はたいした資源もありません。唯一誇れるのは、優秀な人材技術力です。さらには、日本人の勤勉さや礼儀正しい人格、几帳面さ、また日本文化そのものが特徴、武器として誇れるものです。これらのベースとなるものは、広い教養としっかりした技術基礎力です。海外では、その地域の文化、人格を認められる寛容さと自分の考えをきちんと話せることが大切です。

memo

❸就職先を考えよう

◎企業と官庁での働き方の違い

　企業は、事業を存続させるために一定の利益をあげなければなりません。そのためには、同業他社と競争して、良い商品を安く提供し、売り上げを伸ばすことが必要です。したがって、企業で働く技術者は、新商品の開発や品質・コストの改善などを絶えず行なうことが求められます。いつまでも同じものを、同じやり方で作っていては、他社との競争に敗れてしまいます。利益を追求するといっても、環境を損なったり不正な取引をしたり、社員に過酷な労働をさせたりすることは社会が認めず、そのような企業は存続できません。技術者はしっかりした倫理観をもって働かなければなりません。

　官公庁に勤める技術者も技術の進歩や品質・コストの改善に取り組みはしますが、利益を追求する姿勢よりも、むしろ市民・国民へのサービスを中心に、法律等に基づき決められたことを忠実かつ安定的に遂行することが求められます。

3-1　企業・会社とは

　企業の目的は、社会に認められ存続することです。そのために収益の確保が必要です。企業は外部から、ヒト・モノ・カネ・チエ・情報といった資源を調達し、それにより生み出される物的商品・サービスを社外に提供して収益を確保します。それは、企業が永続性を保つために果たさなければならない3つの義務のためです。収益がでなければ、これらの義務を果たせず、株主、社員、社会から見放され、経営は破綻をきたします。社会やユーザーのニーズに対して、他の企業より安くていいものであることで選ばれ、買われ、はじめて収益が得られるのです。

　3つの義務　　① 株主還元義務―配当
　　　　　　　② 社員権限義務―賃金
　　　　　　　③ 社会還元義務―納税

　企業は人なりと言われます。けれども、企業の厳しい競争のなかで、その中心となるものはコストであり、いかにコストを削減するかが経営者の重要な判断となり、そのコストを左右するものの一番が人件費なのです。しかし安易な人件費の削減は、戦力の弱体化を招き、企業を減退させます。

そこで、そのような状況下で推し進められる施策が以下です。
1. 社員の最適配置（高齢者から若年者へ、不得手者から得手者へ）
2. 非正社員の活用（非正社員の基幹業務化）
3. 雇用の多様化（契約社員、パート＆アルバイトなど）
4. 社外戦力の活用（派遣スタッフ、構内業務請負）
5. アウトソーシング化
6. 上記の施策を可能にする組織変革

5-14　企業とは
世の中の変化に対応する会社＝企業の持続性

天然繊維　⇒　化学繊維　⇒　炭素繊維複合材料
　　└──→　遺伝子技術　⇒　種子

　企業は国内だけでなく、海外からの参入企業との熾烈な競争を繰り広げています。そして、その競争に打ち勝つため、より良いもの（商品、技術、サービス）をより安価に提供することが求められ、生き残り事業を持続・拡大していく使命を持っています。
　そのため、
1. 中身を変えていく
2. 時代に合わせて変えていく
3. 変化を繰り返す
4. 大きくなろうとする
5. 発展が望めない不要なものは切り捨てる

など、あらゆる世の中の変化に対応する企業戦略を打ちだします。

図5-14で示したのは、繊維会社が炭素繊維で航空機、電子機器業界に展開し、成功した例です。

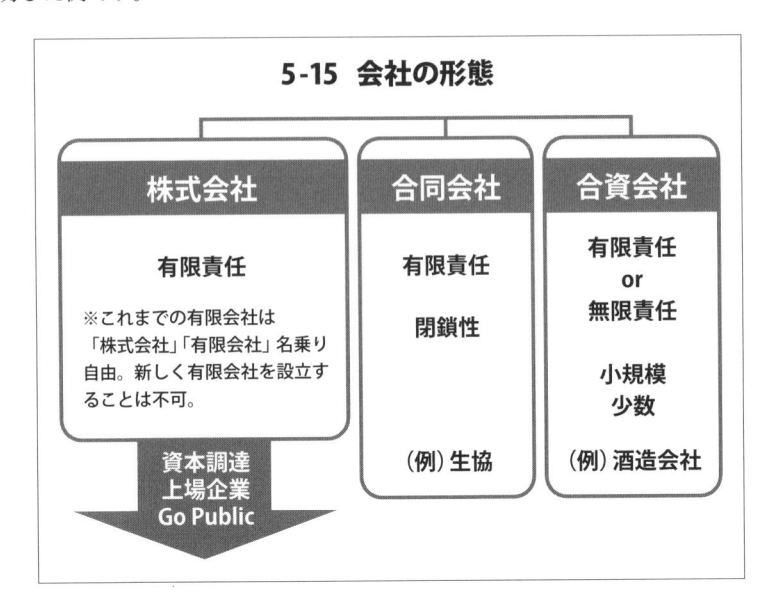

5-15 会社の形態

株式会社	合同会社	合資会社
有限責任 ※これまでの有限会社は「株式会社」「有限会社」名乗り自由。新しく有限会社を設立することは不可。	有限責任 閉鎖性 (例)生協	有限責任 or 無限責任 小規模 少数 (例)酒造会社
資本調達 上場企業 Go Public		

株式会社とは、株式と呼ばれる社員権を有する有限責任の社員（株主）のみからなるもののことです。出資者である株主は、出資額に応じて株式を取得し、配当により利益を得ます。

合同会社とは、全社員が出資額を限度とした有限責任を負うものです。同様に、株主の有限責任が認められる株式会社と比べると、会社運営の自由度が高いことがメリットです。ただ、会社にとっての重要事項に関する決議は「出資者全員の同意」が原則なので、意思決定について対立が生じると、意見がまとまらないというデメリットもあります。

合資会社とは、有限責任社員と無限責任社員とをもって組織される会社であり、有限責任社員であっても、株式会社などの社員（株主）のような間接有限責任ではなく、会社債権者に対して直接責任を負う直接有限責任社員であるとされます。

5-16　会社組織は変化に合わせて柔軟に変化することが大切

ピラミッド型とフラット型の組織の違い

ピラミッド型	フラット型
小さなピラミッドが積み重なり大きなピラミッドを構成する	フラットな構造
メリット　時間をかけて下から上まで納得すれば組織を挙げてバックアップを受けることができる	**メリット**　下の社員のアイデアはすぐに経営判断できる責任者に届き、決断が下される
デメリット　下の社員のアイデアは上司にお伺いをたて、その上司は更に上の上司にお伺いをたて…という形で決断に時間がかかる	**デメリット**　仕事を詳しく知っているのは担当者とマネージャーだけ、ということになり組織のバックアップなしの個人プレーで勝負しなければならなくなる

　企業の競争力を左右する組織の変化にも、会社組織は柔軟に対応することが大切です。ピラミッド型、フラット型のいずれをとるかは、各部署でメリット、デメリットをよく理解して、時代の流れにより柔軟に対応する必要があります。

　いずれのスタイルにしても、企業内のコミュニケーションとしての、

1. 上意下達、下意上達
2. 報告・連絡・相談

は、重要な組織の潤滑油です。

　収益獲得は企業活動の結果であって、なぜ、この企業を興したかが企業目的をして示され、それを達成する機能として組織が編成されます。組織化することで、仕事の分担が生まれます。市場で最大の企業力を発揮するために仕事をする部門や、これから先の市場を見定めて戦略化する部門、さらに内勤、外勤、技術、製造部門のなかに、総務、人事、経理、商品企画、情報企画、営業、市場開発、製品開発製造など、業界やその企業によって様々な組織が設置されます。そしてそれらが有機的に動いていくことで、組織力が発揮されるのです。

```
┌─────────────────────────────────────────────┐
│          5-17 「会社で働く」とは              │
│  ┌───────────────────────────────────────┐  │
│  │                                        │ │
│  │ ●「就職」は会社との契約                  │ │
│  │                                        │ │
│  │ ● 社員は契約を守る義務＝会社は働く人に対する処遇給料 │ │
│  │                                        │ │
│  │ ● 社会の中で自分の存在価値、自己実現、働くことによる │ │
│  │   専門性、人間力                        │ │
│  │                                        │ │
│  │ ● 目的意識を持ち働く                    │ │
│  │                                        │ │
│  │ ● 会社とは別の世界を持つ（ワークライフバランス） │ │
│  │                                        │ │
│  └───────────────────────────────────────┘ │
└─────────────────────────────────────────────┘
```

　就職は、会社との契約で成り立っています。そこで会社は、組織の秩序を維持するため、「服務規程」を定め、行動の義務を契約のなかにうたっています。

1. 就労中の職務専念義務（職務中は仕事に専念してください）
2. 企業秩序遵守義務（上司の指揮命令に従ってください）
3. 施設管理義務（社屋、機械、車両などは規則に従って使ってください）

などですが、企業によって多様な規定になります。

　最近は、コンプライアンス（法令順守）、個人情報の守秘などが重要規定として挙げられるようになってきました。

3-2　企業を知る

(1) 企業情報を知る

　企業の一般的な情報は、いろいろな方法で得られます。「会社四季報」という投資家向けの本には、株式上場会社の全社の最近の情報が簡潔に記載してありますし、インターネットのホームページなら、上場していない企業についても情報を得ることができます。

　基本となる情報には、次のような項目があります。関心のある会社については、日ごろから新聞で関連記事を読んでおくようにしましょう。同じ業界の他社

と比較しながらみると、国内、広くは世界における、その会社の位置づけも知ることができます。

　経営理念：社長の考え、会社の方針
　事業内容：メーカーなら製品の種類や商品名、得意技術
　企業の規模：資本金、従業者数
　会社の沿革：創業年、祖業、事業内容の変遷
　会社の業績：売上高、利益の状況、新製品開発状況

　このような企業情報を、どう活用すればよいのでしょうか。たとえば企業規模の場合であれば、従業者数が何人いて、その構成（営業、生産、開発、事務など）がわかれば、自分が入社したとき、何人くらいの職場で働くことになるのかと想像することができます。工場がいくつもあるような会社であれば、勤務地や転勤のことも考える必要があります。社会では、大企業と中小企業で大きく区分されていますが、会社の経営方法や社員の働き方は、企業規模によって異なるところがあります。

(2) 企業選択の要素

　就職先企業として企業数を絞り込むとき、職業情報を知ることが第一ステップです。以下にそれを示します。

　まず、就職のための必要条件（採用条件）を確認することです。次に、企業の職種・環境と業界・企業の位置づけを知ることです。

◎企業における職種・環境
　　　①仕事の責任と内容
　　　②賃金・手当
　　　③作業環境と勤務形態
　　　④勤務地・転勤の可能性
　　　⑤従事者の資格・要件
　　　⑥福利厚生
　　　⑦昇進の可能性
　　　⑧教育・訓練の機会
◎業界と企業
　　　⑨業界・企業の成長性

⑩業界内での評価・評判

⑪関連職業

　収入は月給あるいは年俸で示されます。一般に、初任給と数年後の標準賃金で、他社との比較ができます。さらに昇給速度や、諸手当（家族手当、交替手当など）、福利厚生、退職金、年金なども、収入の一部として理解しておくことです。

　勤務地は、子供の教育や親の介護など家族に関連した事柄があり、会社を選ぶ時の無視できない要素になります。大企業では海外を含めて何回も転勤することが当然のようになっており、やむを得ず単身赴任する場合もよくあります。

　勤務形態とは、三交替制や輪番制といった深夜勤務や休日勤務を含む労働形態が、製造業において行なわれているものです。

　さらに、会社との相性も選択の重要な要素です。その会社に勤めた時、風土や文化になじめるかどうかのことです。自分が育った地域の風土や大学の校風などによって、形成された価値観が企業の文化、風土と合えば快適な会社人生が送れます。たとえば先輩や上司に限らず、現場のベテランや時には部下のなかにも尊敬できる人材がいる職場であることが、相性の良さを示す要素といえるでしょう。

5-18　業界・企業を知るには

○書籍「業界地図」「各ビジネス誌」「専門誌」

○新聞…一般紙、日経新聞

○企業のホームページ…エントリーシート作成時必須

○業界展示会、工場見学

◎インターンシップ

◎就職部…「各社求人案内」「学内合同企業説明会」「業界研究会」

◎専門学科教員、先輩

---

(3) 業界・企業を知るには－自主的に動く

　業界について知るには、業界紹介本や新聞を読みましょう。企業の状況を知る

には、現場を見るに越したことはありません。設備の詳細まで知る必要はなく、工場の雰囲気、整理整頓の状態、現場の人々の動作や服装を見るだけでも、多くのことがわかります。3K（危険、汚い、きつい）が放置されている職場があれば、誰しも良い企業だとは思わないでしょう。インターンシップを利用することで、現場を見ることができます。また先輩の話を聞くなど、皆さんが自主的に動くことで、たとえば技術の特徴や業界内における地位、競争力あるいは新技術への姿勢などがわかります。

```
5-19  会社活動の内容を見極める

基本技術・製品が同一の会社であっても
     総合的に対応する会社
     研究開発専門の会社
     ハード設計専門の会社
     ソフト開発専門の会社
     工場を持たずに製品を提供する会社（ファブレス）
     製造専門の会社
     検査・評価を専門とする会社

展示会・見本市・業界発表会に参加する
```

(4) 業界・企業を知るには－活動内容の見極め

　会社の事業内容、業務形態にも、いろいろあります。製造業だからといって、工場があり大勢の人がものづくりに励んでいるとは限りません。製造は他社に任せて、研究や設計だけをしている会社（ファブレス会社）もあれば、逆に他社から注文を受けて、与えられた設計図や条件表どおりに組み立てたり、物を作る会社（OEM下請け会社）もあります。興味のある業界・企業については、早くから展示会や見本市、業界発表会などに参加して注目しておくとよいでしょう。業界だけでなく、出展企業について詳しい情報を得ることができます。

5-20 入社試験に向けて

エントリーシート 自己分析・自己PR・業界研究
［企画力の検査。(読み易さ＋見易さ)］
①自分の好きなこと、面白かった経験
②チャレンジしたことや失敗したことで学んだこと
③興味・関心を持ったことやこだわって調べたこと
④文字は大きくはっきりと (バカデカイ文字は禁)
⑤あまりびっちりと書き込まない。余白も表現の一部 (必要)
⑥段落やブロックを使って、文が見えるように
⑦目線の流れを作る (箇条書きも読み易い)
⑧書きたいこと全部書かない (尋ねてみたいと思わせる)
面接・面談 人間的魅力 潜在能力
会社 (社会) でどのように役立つか (関連性) を表現できるか。
筆記試験 ①SPI試験［基礎学力 (数・国・英)・一般常識］②専門試験

就職サイトの活用	❶リクナビ (自己分析・職業適性)	❷マイナビ
	❸日経ナビ (経済ニュースも読める)	❹理系ナビ
	❺東京アカデミー (公務員試験の例)	❻資格の大原

(5) 企業の採用試験

　エントリーシートは、主に一次選考として応募者の絞込みに使用されます。企業では書類選考的な意味を持たせているところも多く、応募者の大部分がエントリーシートの段階でふるい落とされることもあります。そのため、エントリーシートは、自己分析、自己PRとして相手に正確に、わかりやすく、見やすく記入する必要があります。特に業界の内容をしっかり理解したうえで、自分がなぜその企業を志望するのか、自分に何ができるのかをアピールすることが重要です。

　内容は、氏名と連絡先・出身学校名 (中途採用の場合は、これに加えて職歴) を記載する欄のほか、各企業が独自に作成した何問かの設問があります。これらの設問の内容は、志望動機や自己PRに関連した内容がほとんどで、記入欄が広くとられ、論作文試験と同じような形式になっていることが特徴です。また、TOEIC、英検など、資格や特技などを申告させるスペースもあります。注意すべき事項は、それを自筆で書かなければならないことです。きれいな字で書ければ言うことはないのですが、少なくとも濃い鉛筆を使い、大きく読みやすい字を丁寧に書くことが必要です。読みやすさと見やすさを、心がけてください。

5-21 エントリーシート

エントリーシート

研究内容等	テーマ		指導教員	
	概要			
	(得意な科目)			

自己PR	私の性格的な長所などを中心として	
	大学時代に力を入れたこと	
	課外活動	
	趣味	
	資格・免許	

| 志望動機 | |

　エントリーシートは、図5-21に示したようにあなた自身をアピールするための書類です。なかでも大切な項目は、自己PRです。自己PR文は、どうつくるとよいのかを構成として示します。アピールポイントとして、書くことを選ぶとき、次の①から④がしっかり記述できることを確認しましょう。

① 一番のアピールポイント。
② ①を証明する経験、具体例、エピソード。
③ ②の経験を通じて得た教訓、利益、得たもの。
④ ③で学んだことを、企業にはいってからどう生かすことができるか。

　こういう流れで、皆さんの良さが、企業でも役立つという共感を得る表現にすることが大切なのです。

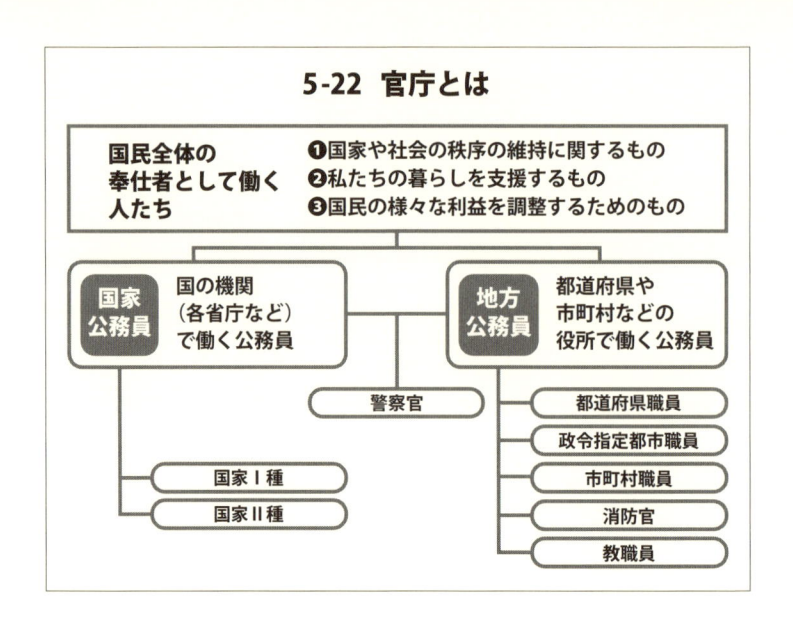

```
┌─────────────────────────────────────────────────────────┐
│                    5-22 官庁とは                         │
│ ┌─────────┐  ❶国家や社会の秩序の維持に関するもの         │
│ │国民全体の│  ❷私たちの暮らしを支援するもの              │
│ │奉仕者として働く│ ❸国民の様々な利益を調整するためのもの │
│ │人たち   │                                             │
│ └────┬────┘                                             │
│      │                                                  │
│ ┌────┴────┐  国の機関      ┌────┐  都道府県や         │
│ │国家     │  （各省庁など） │地方 │  市町村などの       │
│ │公務員   │  で働く公務員   │公務員│ 役所で働く公務員    │
│ └────┬────┘                └──┬─┘                      │
│      │         ┌──────┐       │    ┌──────────┐        │
│      │         │警察官│       ├────│都道府県職員│       │
│      │         └──────┘       │    └──────────┘        │
│      │                        │    ┌──────────┐        │
│      ├─────┌──────┐            ├────│政令指定都市職員│  │
│      │     │国家Ⅰ種│            │    └──────────┘        │
│      │     └──────┘            │    ┌──────┐            │
│      │     ┌──────┐            ├────│市町村職員│         │
│      └─────│国家Ⅱ種│            │    └──────┘            │
│            └──────┘            │    ┌──────┐            │
│                                ├────│消防官│            │
│                                │    └──────┘            │
│                                │    ┌──────┐            │
│                                └────│教職員│            │
│                                     └──────┘            │
└─────────────────────────────────────────────────────────┘
```

3-3　官庁とは

　公務員は、国及び地方自治体、国際機関等の職務を執行する人たちで、それぞれ国家公務員、地方公務員、国際公務員と呼ばれます。職員の任用は、公開の競争試験（公務員試験）に基づいて行ないます。採用後は、守秘義務等を厳正に遵守することが求められる代償として、また権力者の意向によって公務員が恣意的に罷免されることがないようにするため、本人の事情により退職する場合のほかは、基本的には懲戒または分限処分によらず免職されることはありません。このため、公務員は雇用保険に加入できません。

　国家公務員とは、国の公務に従事する者であり、特別職国家公務員と一般職国家公務員の2つがあります。
　地方公務員は、地方公共団体に勤務し、地方公共団体の組織のなかで一定の地位を占め、地方公共団体に勤務し、報酬、給料、手当などを受けている者をいいます。一般的に、上級（大卒程度）、中級（短大卒程度）、初級（高卒程度）に区分されます。

5-23 国家公務員

省庁組織図

内閣
- 内閣官房
- 内閣法制局
- 人事院
- 内閣府
- 総務省
- 法務省
- 外務省
- 財務省
- 文部科学省
- 厚生労働省
- 農林水産省
- 経済産業省
- 国土交通省
- 環境省
- 防衛省

国家Ⅰ種＜技術＞

技術系の国家Ⅰ種採用者は技術行政官として、専門の知識や能力を生かした行政官となり、科学技術行政をになう仕事や、研究職の公務員となり、国立の研究機関で仕事をする場合もある。

各省庁のキャリア官僚として、将来の幹部候補となる。

国家Ⅱ種＜技術＞

国家Ⅱ種採用者は各省庁において、中堅幹部として専門分野を生かして行政計画の実施に貢献する。

配属先としては、本省庁、地方の出先機関、研究所、国立大学研究所などが挙げられ、全国規模で多岐にわたっている。

5-24 地方公務員

地方公務員の組織 都道府県の場合

知事
- 総務部
- 企画開発部
- 福祉生活部
- 衛生部
- 環境公害部
- 商工環境公害部
- 農政部
- 林務水産部
- 土木部

各都道府県により違いがあります。

地方上級＜技術＞
（都道府県・政令指定都市）

地方自治体で行政実施にあたっての技術面の研究開発に携わる上級職員である。

それぞれの専門に応じた部署に配属される。

地方中級＜技術＞

役所の職員となり、市町村の行政、企画立案、実施、地域の活性を呼び起こすためのプロジェクトなど様々の業務に携わる。

市町村職員は住民の生活に密着した行政サービスの担い手である。

memo

5-25 公務員試験に向けて

> 公務員は、一般教養、専門知識（筆記・選択）、小論文、面接などの試験がある。（各自治体ごとに違いがある。）

一般教養は、時事、判断推理などや、理系文系科目。
専門知識は、各区分に応じた専門科目。
各自治体ごとで出題されやすい問題もあり、過去問などでポイントを押さえて勉強をすることが重要である。

小論文は各自治体ごとに過去に取り上げられた問題を参考にし、時間、文字数を守り、自分の意見を書けるようにする。

面接は各自治体の政策などを調べ、自己分析をしっかりとできていることが必要であり、面接練習を繰り返すことが重要。

　日本の公務員制度は、職が先にあって、人がそれに充当されるという考え方を持っているため、公務員の組織は、必ず定員が定められています。そして、特定の職に退職等による欠員が生じたときに、同格の職にある職員を転任させたり、下の格の職にある職員を昇任させたりして補充し、人事異動の玉突きの結果、最終的に欠員となった職に補充すべき人材を募集するために、採用試験を行なっています。そのため、採用試験に合格した者は、いったんは「採用者候補名簿」に登載され、そのうえで国や地方公共団体の定員補充として採用されることになります。このため「公務員試験に合格＝公務員に内定」ではありません。

memo

5-26 優良中堅企業を視野にいれる

優良企業とは

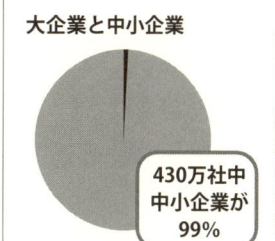

大企業と中小企業

- 非1次産業企業数　4,338,135
- 大企業数　11,793 (0.3%)
- 中企業数　549,479 (12.7%)
- 小企業数　3,776,863 (87.1%)

430万社中 中小企業が 99%

1. 企業数＝会社数＋個人事業所
2. 中小企業法　常用雇用者300人以下
3. 小企業　常用雇用者20人以下小規模企業

『中小企業白書』より

優良企業の条件
1）経営の安定した会社
2）成長の可能性が高い会社
3）従業員が生き生きと仕事をする会社

参考：三浦紀夫『就活が変わる！優良中堅企業の見つけ方』PHP研究所

3-4　優良中堅企業を視野にいれる

(1) 優良企業

　日本国内には、企業が430万社あるといわれています。これらの企業のうち、中小企業は99％を占め、このなかには優良中堅企業が多数ふくまれます。ここでいう優良中堅企業とは、経営的に安定した、成長性が高く従業員が生き生きと仕事をする会社を指します。

　世間の一般的評価としては、中小企業は「安定性に欠ける」「知名度が低い」「福利厚生が不十分」「給与・待遇が良くない」と40％の人は思っているとのデータがあります。これらは表面的な見方であって、高い評価の製品や高信頼性の企業が数多くあり、図5-26にあるような条件以上に優れていて、さらに余りある喜びが得られる優良企業が多数あり世界が高く評価しています。

① 社長との距離が近く、会社の動きが良くわかり仕事の成果が実感できる。
② いろいろの取り組みに組織の一部としてではなく、重い責任の仕事を任されたり、高給が得られる機会があったり経営幹部の道が開けていたりする。
③ 自分の将来の起業に役立ち、スペシャリストとして育成され、家族的雰囲気の温かい会社で、世界で唯一の製品を作る会社であったりする。

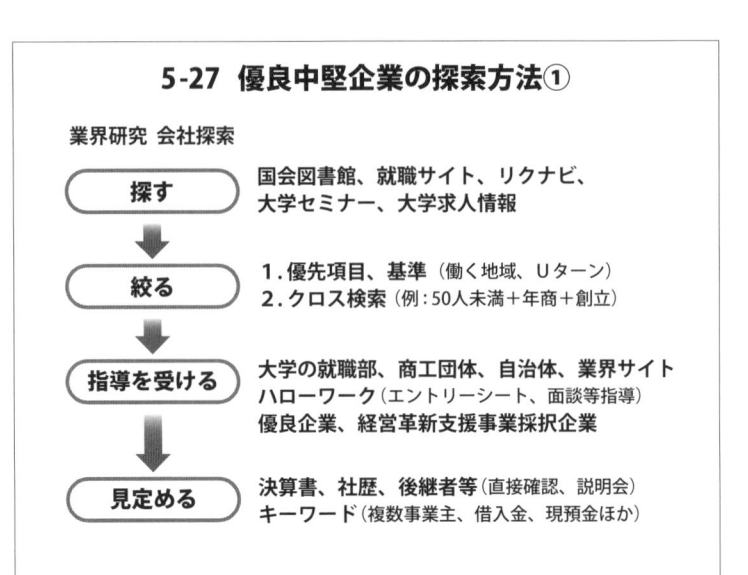

5-27 優良中堅企業の探索方法①

業界研究　会社探索

- 探す：国会図書館、就職サイト、リクナビ、大学セミナー、大学求人情報
- 絞る：
  1. 優先項目、基準（働く地域、Uターン）
  2. クロス検索（例：50人未満＋年商＋創立）
- 指導を受ける：大学の就職部、商工団体、自治体、業界サイト
  ハローワーク（エントリーシート、面談等指導）
  優良企業、経営革新支援事業採択企業
- 見定める：決算書、社歴、後継者等（直接確認、説明会）
  キーワード（複数事業主、借入金、現預金ほか）

(2) 探索方法

　優良企業を探すには、企業説明会や学校の求人情報も大事な情報源ですが、公的機関やサイト、セミナーなどで探索し選びだすことです。選んだ会社を、次に絞ることをします。その時、絞る条件を自分で作ります。たとえば地域限定、Uターンを条件とするかどうかや、資本金や創業年、給与、特有技術や従業員数、年商、占有率などとあわせ、クロス検索をかけます。

　これらを整理し、就職相談で指導をうけます。学校以外に各団体、ハローワークなど、積極的にプロの意見を聞き、さらに優先順位をつけ見定めます。ブラック企業（労働搾取企業）をのぞき、さらに事業内容や経営状態を確認します。社員に先輩がいれば聞き取りを行ない、会社を実際に見に行き、自分で生の情報を得ます。また面談など経営陣と会う機会があれば、会社の成長性やビジョン、社員状況を直接質問をします。

　中堅企業では、採用を遅らせて確実に確保をするところや、ピークをはずしたり、採用の期限をオープンにし広く採用をかけているところもあります。自分に合う会社、採用してくれる会社の入社を諦めないことが大切です。

5-28 優良中堅企業の探索方法②

確認のキーポイント

1）**成長性、損益決算書、売上利益の推移、経営ビジョン**
　　（これらの実現方法について質問する）
　　　キーポイント：複数顧客、固定費軽く、借金は小、現金預金

2）**人心、就業規則、3年目の社員の離職率を知る**
　　（社内の風土や社員に対する環境が分かる）
　　　キーポイント：社長の高齢や後継者不在はだめ、五感で確認、
　　　　　　　　　　ブラック企業を避ける

3）**中小企業はいつでも募集している**

　優良中堅企業では、直接の面談や説明会などで、図5-28に述べるキーポイントを確認することが必要です。

　成長性は、企業を選択するときに大切な要件です。損益決算書、直近3年間の売上、利益の推移を確認し、経営のビジョンを聴くことで判断します。また、事業の柱が複数あること、工場・事務所など固定費が少ないこと、借入金が小さく運転資金など現預金が多いことが、安定経営の指標です。

　さらに、社員の就業状況や社内風土なども大切な要件です。3年目の社員の離職率などを確認することは、大切なことです。

memo

❹先輩からのメッセージ

　皆さんも知っているように、大学は学術界や産業界に多くの人材を輩出してきました。これらの人材は、才能に加え、大学で専門を学ぶとともに、社会へ出ても夢を持ち努力をしてきたのです。生来の才能も重要ですが、目標を持ち努力することのほうが夢をかなえる可能性は高いのです。

　東京理科大学の学生だった鈴木隆さんは、東京通信工業（現・ソニー）で実習中、異常な現象に気づき、実験結果が間違っていないことを確認後、江崎玲於奈博士に報告しました。江崎博士はその報告を基に現象を解明し、その後ノーベル賞を受賞したエサキダイオードを発明しました※。

　そのきっかけをつくった鈴木さんは、これに感動し、世界の半導体技術に貢献したいという夢を持って、卒業後4年間ほど研究生として研究所や大学で半導体の研究を続けました。その後、S電工で化合物半導体の事業化に尽力し、同社をこの分野最大手に育て上げ、さらには、関係会社の半導体製造装置専門メーカーを、小粒ながらも中電流領域でアジアNo.1への成長を支援し、半導体技術に貢献したいという技術者の夢を実現し、産業界に貢献しました。

　このように、学生時代の授業、クラブ活動などの経験、社会の出来事に感動し、夢を持って大学生活を過ごし社会にでて、その後も努力し、有意義な人生を過ごすとともに、自らの夢をかなえた先輩が大勢います。

　皆さんも、各分野の先輩の話を参考にして、これから夢を目指してみませんか。

※「Sony History」より（http://www.sony.co.jp/SonyInfo/CorporateInfo/History/SonyHistory/index.html、2012年11月3日閲覧）

memo

4-1 建築・土木工学分野

◎建築の主役は人間

　私は高校時代に見たある建築に魅せられて、「俺もこんな建築の設計をしてみたい」と思ったのがきっかけで、大学を選ぶときに迷わず建築を選びました。学生時代は建築の授業が面白く、専門知識を身につけるというよりは建築を楽しむといった感じでした。それからできるだけ早く、多く単位をとろうと思い、授業はできる範囲で貪欲に出席したような気がします。それから建築雑誌を見てできるだけいい建築を見て、触れて、体験することを心掛けました。一度は海外の建築を見ることも貴重な体験ができると思いますが、私は残念ながらそれはできませんでした。また、建築は社会に出てから十分できると考えて、学生時代は建築をマクロに見てやろうと思い、ゼミはあえて都市計画を選びました。

　私は設計部のなかでプロジェクトの一員として計画に取り組んでいますが、できるだけ早くそのチーフとしてすべてを任される仕事をできればと思っています。種々の考え方があるでしょうが、今の日本の社会のなかでは、やはりある程度の規模・金額、あるいはいろいろの用途の建物を手がけようとすれば、大規模設計事務所あるいはゼネコンの設計部でないとなかなかその機会は少ないと思います。その意味で私は今の会社を選んだことは良かったと思っています。そしてそのなかで専門分野の設計に特化していければと考えています。

　建築の主役は人間です。人間を知る、人間の意識、思考、行動、態度を知ることがいい建築を創ることだと思います。歴史、文学、美術、心理、その他人文系の分野にも関心を持ってください。

＊＊＊＊＊

◎学びを整理し会社を調べ希望を実現

　私は「美しい町並みや景色を造る仕事をしたい」と思い土木工学を学びました。さらにさまざまな分野（土木に限らず建築、造園、デザインなど）を広く学ぶために大学院進学を決めました。大学院では土木を軸に、GIS（geographic information system）、建築やデザインなどさまざまな分野を研究し、学会活動やプロジェクトを通して現地での活動も経験することができました。研究が上手くいかず苦労した時期も長くありました。しかし、研究や多くの活動を通して、企業や自治

体の方などの意見や考え方も見聞きし自分の幅を広げることができました。これらの経験と後輩指導や TA（teaching assistant）を通して人間的にも成長することができたと感じています。

　大学院1年生を終え、就職活動に挑みました。面接で「美しい町並みを造るには土木、建築、造園や環境など一つの見方だけでなく、総合的にさまざまな視点から"まちをみる・つくる"力が必要である」と考えて学んできたことをいかして、「総合的にプロデュースできる仕事をしたい」と訴えました。私の考えを説明しても、企業が求める人材像や企業方針と異なっていたのか受け入れてもらえない企業もありました。しかし、自分の学んできたことや経験したことをもう一度整理するのと同時に、就職希望の会社の歴史や方針をよく研究して試験に臨んだ結果""まちづくり"をメインとした会社に内定を頂くことができました。今後は学んできたことや経験を役立て会社を通して社会へ貢献できるよう精一杯頑張りたいと思っています。

4-2　機械工学分野

◎大学院で目的を持って生活

　私は大学在籍時に講義の単位は取れていたものの、漠然と講義を受けていたため、その講義内容の本質を理解できず、学んだ知識が将来どのように活用できるのかまったくイメージできませんでした。そのため、就職活動が始まる時期になっても、自分は何が得意で何をやりたいのかがまったくわかりませんでした。そこで、大学院に進学することで、機械についての知識をより深めることができれば何かが見えてくるのではないかと考え大学院への進学を決意しました。大学院に進学してからは、機械に関する理解度を深めると同時に、就活時にアピールできる能力を身に付けることを目的に講義や研究に取り組んできました。目的をもって様々な物事に取り組んでいるうちに、研究で培ってきた騒音の知識を活かし、自動車の騒音低減に携わっていきたいと考えるようになりました。

　しかし、私の自動車に対する思い入れとしては運転が好きという程度で、自動車に関する知識も乏しいものであったため、自動車について勉強したり、自分がどんな自動車を作りたいのかを具体的に考えたりしました。そうすることで、最終的に自動車メーカーから内定をもらうことができました。

このような経験から、ただ漠然と日々を過ごすのではなく目的をもって物事に取り組むことで、自分のやりたいことややらなければいけないことが明確に見えてくると思います。

＊＊＊＊＊

◎ソーラーカープロジェクトで仲間と目標を共有

志望大学に入れず、モチベーションの低いまま大学生活を過ごしていくのかと思っていましたが、入学してすぐに「ソーラーカープロジェクト」の存在を知りました。

カーボンなどの材料を用いて車体を作ることや、夏の大会が鈴鹿サーキットで行なわれるというのに大きな魅力を感じメンバー入りしました。チームに入ってからは連日遅くまで作業を行ない、ものづくりの大変さや面白さを感じていました。そしてドライバーを任されました。

1年生はレース前に重大なメカトラブルを抱え完走できず、2年生でもまたもやメカトラブルに見舞われ30分のストップ、3年生では苦戦しながらも4位までジャンプアップしてドライバー交代、最終的は電装トラブルでストップしてしまい表彰台を逃しましたがクラス3位、総合7位が獲得できました。今度こそ表彰台と臨んだ4年生は結局、電装トラブルで13位に終わりました。振り返ればトラブル続きでしたが目標も無く大学生になった私が腐らずに、多くの仲間と共に目標に向かって大学生活を過ごせたことはすごく実りあるものだと思います。大学で自分ができることを見つけた時、高校時代には想像できなかったような学生生活が過ごせると思います。

4-3　電気電子情報通信分野

◎人工衛星プロジェクトで夢をみつけて

2年生の9月ある授業で招待講演があり、その内容は宇宙に関するものでした。私は昔から星を見ることや宇宙が大好きで、将来は宇宙開発に携わりたいと思っていたので、その講演にとても興味が湧きました。講演の最後に大学が独自で人工衛星開発をしているという話を聞いて、次の日にさっそく機械科の宇宙推進工学研究室に行き、人工衛星プロジェクトに参加したいとお願いしました。そこから約3年間、人工衛星の電源系としてチームを引っ張ってきました。人工衛星を

開発するための勉強は学科の専門分野ではないので、授業が終わると図書館や自宅で勉強を続けました。私は今までに人工衛星の電源の開発、人工衛星の軌道計算、電力計算に携わりました。

　私達が開発した人工衛星は2012年9月9日にインドの宇宙センターから宇宙に飛び立ちました。私もインドに行き、最終調整などに携わりました。そこで、インドの宇宙センターの方や、一緒に人工衛星を打ち上げたフランスのプロジェクトチームの方とコミュニケーションを取り、一致団結して一つのことを成し遂げることができました。私は大学院で集積回路の性能を向上させる研究をしています。将来は培った知識や技術を駆使して、宇宙で活躍する人工衛星や惑星探査機に用いる宇宙用集積回路の開発に携わり、今までより高性能な宇宙機を開発し、日本の宇宙開発を発展させたいと思っています。最後になりましたが、自分のやりたいことや夢を見つけて、それに向かって一所懸命になってください。

4-4　化学工学分野

◎どのように社会に役立つかを考える

　私は大学院生です。研究室では海底熱水噴出孔という場所から出る硫化水素の測定装置を開発するための基礎研究を行なっています。高性能な装置が開発できれば海底鉱床の発見につながり、レアメタルの調査に役立てることができます。レアメタルはコンピュータや電気自動車などのハイテク機器に多く使われており、世界中がレアメタルの確保に力を入れています。もともと資源に乏しい日本は、レアメタルのほとんどを外国からの輸入に頼っています。しかし、近年日本の海にはレアメタルが多く眠っている可能性があることがわかりました。私たちは日本の海に眠るレアメタルの発見・調査を可能にする装置の開発を目指しています。このような日本の未来に関わる研究ができてとてもうれしく思っています。みなさんも将来役割を与えられたり、仕事に就いたりしたときに自分のやっていることが、どのように社会に役立つか考えてみてください。自分の役割を理解していると取り組み方に大きな違いが出ると思います。会社では大学院でのテーマとは違う仕事になりますが、新しい世界に飛び込んで色々と挑戦することも大切だと思います。いずれの場面においても大学で学んだ知識と経験がとても役に立つと思います。

＊＊＊＊＊

◎やりたいことと適性を考えて

　私は就職活動を始めたときには、私は自分に向いていると思う職種も、やりたいと思う仕事もありませんでした。ただ周りに合わせて合同説明会に参加して、とりあえず化学系の企業にエントリーしてという感じでした。そのため、すぐに活動が行き詰りました。就職担当の先生にはもっと職業や職種について調べ、自分のやりたいことに的を絞って活動するべきというアドバイスを頂きました。そこで私はやっと自分の適性や、やりたいことについて真剣に考えました。就職サイトの適性試験を受けたり、どのような職業や職種があるのかを調べました。卒業研究を進めていくにつれて、研究や分析といったことに興味を持ちました。その結果、品質管理という職種に適性があり、やりたいこととも一致したため、それを軸に就職活動を進めていきました。以前より積極的に就職活動に取り組むようになったこともあり、スムーズに選考に進めるようになりました。そして医薬品会社に品質管理職として内定を頂きました。

　これから就職活動をする人にアドバイスとして、自分の適性とどれだけの選択肢があるのかをまず把握することが大切だということです。これをしっかりすることで進行具合はかなり変わってくると思います。まだ、就職のことを考えるのは早いと思うかもしれませんが、ちょっと意識して学生生活を過ごしてください。

資料1　ライフキャリアレインボー

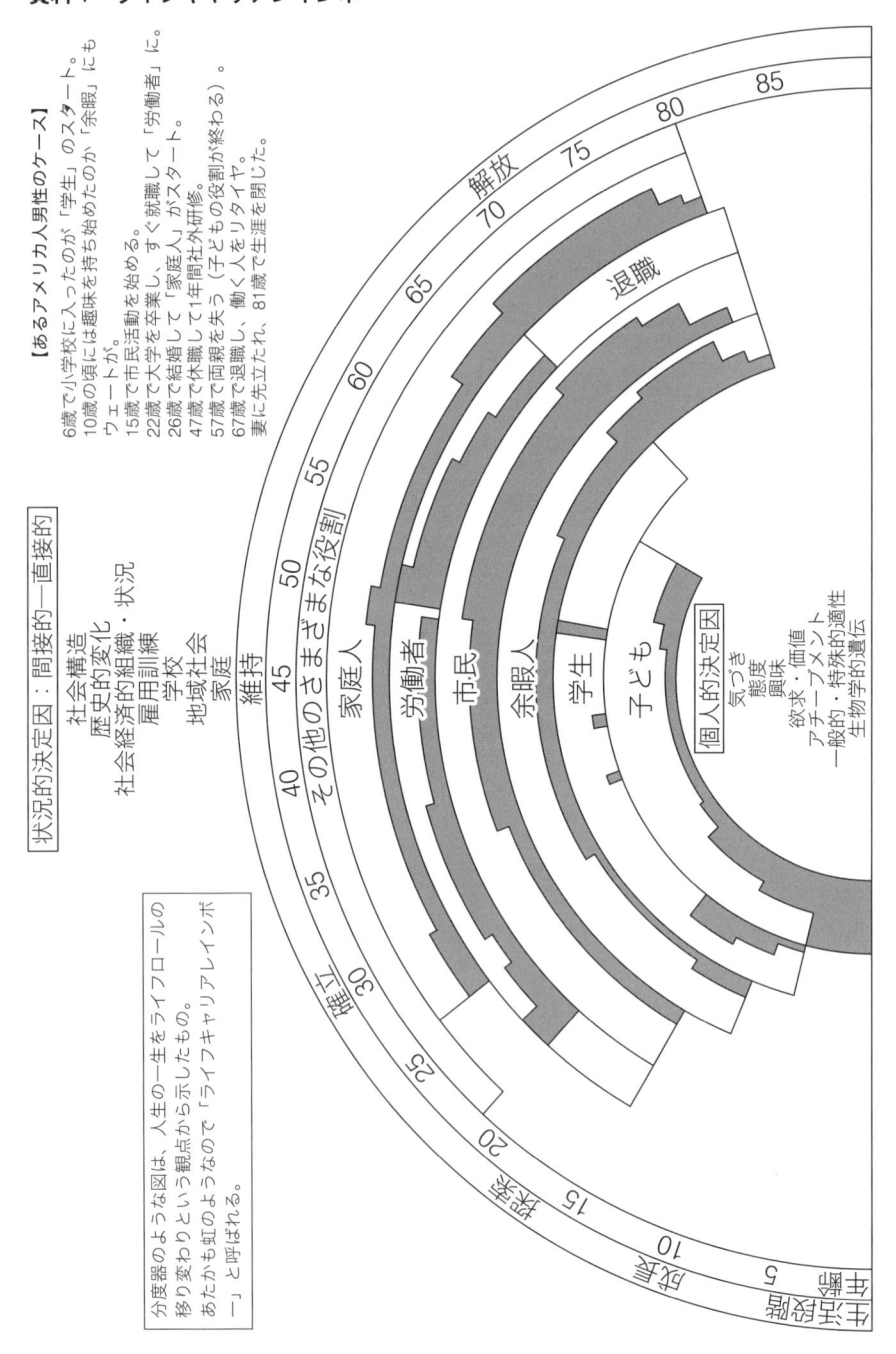

【あるアメリカ人男性のケース】
6歳で小学校に入ったのが「学生」のスタート。
10歳の頃には趣味を持ち始めたのか「余暇人」にも
フェードイン。
15歳で市民活動を始める。
22歳で大学を卒業し、すぐ就職して「労働者」にも
26歳で結婚して「家庭人」がスタート。
47歳で休職して1年間社外研修。
57歳で両親を失う（子どもの役割が終わる）。
67歳で退職し、働く人をリタイア。
妻に先立たれ、81歳で生涯を閉じた。

状況的決定因：間接的─直接的
社会構造
歴史的変化
社会経済的組織・状況
雇用訓練
学校
地域社会
家庭
維持

その他のさまざまな役割
家庭人
労働者
市民
余暇人
学生
子ども

個人的決定因
気づき
態度
興味
欲求・価値
アチーブメント
一般的・特殊的適性
生物学的遺伝

解放
退職

分度器のような図は、人生の一生をライフロールの
移り変わりという観点から示したもの。
あたかも虹のようなので「ライフキャリアレインボー」と呼ばれる。

85 80 75 70 65 60 55 50 45 40 35 30 25 20 15 10 5
年齢
発達段階
確立

資料2　業界の分類

業界の分類例（証券コード協議会における業種）

大分類	中分類	大分類	中分類
水産・農林業	水産・農林業	商業	卸売業
鉱業	鉱業		小売業
建設業	建設業	金融・保険業	銀行業
製造業	食品業		証券、商品先物取引業
	繊維製品		保険業
	パルプ・紙		その他金融業
	化学、医薬品	不動産業	不動産業
	石油・石炭製品		運輸・情報通信業
	ゴム製品		陸運業
	ガラス・土石製品（窯業）		海運業
	鉄鋼		空運業
	非鉄金属		倉庫・運輸関連業
	金属製品		情報・通信業
	機械	電気・ガス業	電気・ガス業
	電気機器	サービス業	サービス業
	輸送用機器		
	精密機器		
	その他製造		

資料3　求人票の例

◎参考文献
- 『子ども・若者白書』2011年度版、内閣府
- 『厚生労働白書』2011年度版、厚生労働省
- 『文部科学白書』2011年度版、文部科学省
- 『ものづくり白書』2011年度版、経済産業省
- 木村周 著『キャリア・コンサルティング 理論と実際』社団法人雇用問題研究会、2010年
- 三浦紀夫 著『優良中堅企業の見つけ方』PHP研究所、2012年
- 本間啓二・金屋光彦・山本公子 著『改正 キャリアデザイン概論』社団法人雇用問題研究会、2011年
- 米国科学アカデミーほか 編、小川正賢 訳『理工系学生のためのキャリアガイド』化学同人、2002年
- 『モノづくり図鑑2013年度版MONO理系版』アールコンサルティング、2012年
- 池田順治・渋谷武志・島田幸七・中尾都史子 著『「学生のためのキャリアデザイン読本』電気書院、2009年
- 池田順治・渋谷武志・島田幸七・中尾都史子 著『キャリアデザインノート』電気書院、2011年
- 成美堂出版編集部『最新業界地図』成美堂出版、2010年

◎キャリア教育研究会メンバー紹介 (執筆者)

＊上島 安正 (うえしま やすまさ)
　　1972 年　大阪大学工学部応用物理学科卒業
　　1978 年　大阪大学大学院工学研究科応用物理学専攻数理工学コース修了
　　1980 年　カリフォルニア大学バークレイ校大学院 IEOR 専攻修了
　　　　　　松下電器産業㈱（現パナソニック㈱）入社、半導体 R&D センター
　　　　　　システム LSI 設計検証自動化システム開発などに従事
　　現　　在　大阪工業大学工学部客員教授

＊渋谷 武志 (しぶたに たけし)
　　1966 年　岐阜大学工学部土木工学科卒業
　　1966 年　飛島建設株式会社入社
　　　　　　土木工事の施工及び土木技術を担当
　　現　　在　大阪工業大学工学部客員教授
　　　　　　技術士（建設部門）

＊清水 泰洋 (しみず やすひろ)
　　1970 年　大阪大学工学部精密工学科卒業
　　1972 年　大阪大学大学院工学研究科修士課程修了
　　1972 年　㈱神戸製鋼所 構造研究所
　　2005 年　㈱コベルコ科研 常務取締役
　　2007 年　㈱科研テック 代表取締役社長
　　現　　在　大阪工業大学工学部客員教授
　　　　　　工学博士

＊竹内 信亮 (たけうち のぶすけ)
　　1967 年　京都大学工学部工業化学科卒業
　　1969 年　京都大学大学院工学研究科修士課程修了
　　1969 年　㈱クラレ入社
　　2001 年　㈱クラレ取締役
　　現　　在　大阪工業大学工学部客員教授

＊中村 豊 (なかむら ゆたか)
　　1974 年　関西大学工学部化学工学科卒業
　　　　　　松下精工㈱（現パナソニックエコシステムズ社）入社 本社環境研究所
　　　　　　パナソニック環境エンジニアリング㈱環境事業創設から設計/施工/経営担当
　　2000 年　取締役営業統括部長
　　2006 年　取締役海外担当、技術開発担当
　　現　　在　大阪工業大学工学部客員教授

＊北條 勝彦（ほうじょう かつひこ）
 1965 年 大阪工業大学工学部機械工学科卒業
 1967 年 神戸大学大学院工学研究科修士課程修了
 1970 年 慶應義塾大学大学院工学研究科博士課程修了
 2006 年 3 月まで　大阪工業大学機械工学科教授
 現　在 大阪工業大学名誉教授

＊前川 忠嗣（まえかわ ただし）
 1973 年 大阪工業大学建築学科卒業
 1973 年 鹿島建設㈱に入社、建築設計本部（意匠設計）に所属
   建築設計の営業設計・計画から工事監理までを幅広く担当
 2013 年 鹿島建設㈱関西支店退職
 現　在 大阪工業大学工学部客員教授
   一級建築士、インテリアコーディネータ、
   大阪府建築士事務所協会第五支部相談役

＊村岡 隆（むらおか たかし）
 1970 年 名古屋工業大学電気工学科卒業
 1972 年 名古屋工業大学大学院工学研究科修士課程修了
 1972 年 日新電機㈱入社
   高電圧技術・電力機器の研究・開発・設計を担当
   事業部・中国合併会社運営に従事
 2011 年 退職
 現　在 大阪工業大学工学部・神戸大学連携創造本部客員教授
   名古屋大学博士（工学）、エネルギー管理士など

＊山本 正明（やまもと まさあき）
 1970 年 京都市立芸術大学美術学部デザイン科卒業
   松下電器産業㈱（現パナソニック㈱）入社
   商品デザイン、社会システムデザインを担当
 現　在 大阪工業大学工学部客員教授

理工系学生のための**キャリアデザイン**

  2013 年 4 月 15 日 第 1 版第 1 刷発行
  2024 年 2 月 20 日 第 1 版第 6 刷発行

著 者 キャリア教育研究会
発行者 井口夏実
発行所 株式会社　学芸出版社
   京都市下京区木津屋橋通西洞院東入
   〒600-8216
   tel 075・343・0811
   http://www.gakugei-pub.jp/

イチダ写真製版／新生製本
カバーデザイン KOTO DESIGN Inc. 山本剛史

© キャリア教育研究会 2013
Printed in Japan ISBN 978-4-7615-1324-5

JCOPY 〈(社)出版者著作権管理機構委託出版物〉
本書の無断複写（電子化を含む）は著作権法上での例外を除き禁じられています。複写される場合は、そのつど事前に、(社)出版者著作権管理機構（電話 03-5244-5088、FAX 03-5244-5089、e-mail: info@jcopy.or.jp）の許諾を得てください。
また本書を代行業者等の第三者に依頼してスキャンやデジタル化することは、たとえ個人や家庭内での利用でも著作権法違反です。